「キレる」はこころのSOS

発達障害の二次障害の理解から

著

原田　謙

星和書店

推薦の言葉

　著者の原田謙氏とは国立精神・神経センター国府台病院児童精神科のレジデントと指導医として最初に出会い，その後は職場を異にしつつわが国の児童精神科臨床発展のために働く仲間として，一貫して親交を温めてきた。今回彼のライフワークともいえるキレる子どもの支援と治療についての著作を世に出すとの連絡を受け，彼のこの領域での実践と思索の過程を知る人間として本書について述べておこうと思った。

　目次を見れば一目瞭然であるが，本書はキレる子どもの背景を理解するための第1章を除くと，第2章から終章にあたる第10章まで一貫してキレる子どもの治療・支援をめぐる具体的な見解と臨床指針を述べることに費やしている。すなわち，児童精神科医としての，そして児童自立支援施設嘱託医としての著者の臨床経験が最後の一語まで貫かれた，優れて実践の書なのである。

　その例を一つ挙げるなら，第2章の節名にも出てくる「『どんなことがあってもあなたを見捨てない』という覚悟を決める」という言葉である。本文中ではむしろその覚悟が決められないまま目標の半ばで退院となったケースを記載しているが，臨床家にとってこの言葉を意識することの意味は非常に重い。幼少期から虐待を受け自己の基盤を踏みにじられ続けた子どもや，自ら思うに任せぬ発達障害特性に振り回され続けた子ども，あるいはその両方の要因を持つ子どもがキレて物や他者，あるいは自分自身を執拗に攻撃することで臨床ケースとなって現れる。そうした子どもたちの救いを求める心の叫びや悲鳴を受け止め，その治療・支援を引き受ける際に，臨床家は必ずやこの覚悟を迫られることになる。「本当に覚悟してこの子どもに関われるのか」という自問は鋭い刃となって私たちの胸をえぐり，硬い石のように心の奥深くに引っかかり続ける。……そして思うのである。「どんなことがあっても見捨てない」という響きの心地よさの次に

待ち受ける，背負うものの重さゆえの深い逡巡と回避への誘惑を。

　本書の著者はこうした覚悟がキレる子どもの治療・支援を引き受ける上で必須の前提であると述べるにとどまらず，多くの治療者が実践できるような具体的な見立て方と対応法を第3章以後のほとんどすべての章を費やして丁寧に述べている。

　著者も注目しているように，様々な理由で反抗挑発症と診断される，すなわちキレる子どもが素行症や反社会性パーソナリティ障害へと反社会性を深めていく所謂 DBD マーチの展開を止めることのできる臨界点は，まさに反抗挑発症の段階なのである。だからこそキレる子どもに治療・支援のエネルギーを注ぐことには大きな意義がある。さらに著者は，キレる子どもたちはけっしてただ愉快にキレているのではないということにも注目している。彼らが背負っている重荷から滲み出る苦悩と怯え，あるいは生きる意義をつかめない抑うつ感が必ず一緒にあることも，治療・支援にあたる者にとって心得ておくべきキレる子どもの特徴なのである。

　キレる子どもがついには救われ，自己の踏みにじられた歴史を越えて自己の価値を見出し，人生の海原に希望を見出すこと，著者はこのような祈りを込めて本書を世に問うたものと私は感じている。キレる子どもの臨床がただ困難なだけではない手応えに満ちた領域であることを伝えようとする著者の言葉から，読者はきっと多くを学ぶことができるだろう。

社会福祉法人母子愛育会 愛育研究所

児童福祉・精神保健研究部 部長

愛育相談所 所長

齋藤 万比古

はじめに

"キレる"は子どものこころのSOS〜児童精神科医からの提言

　「ふざけんな！　誰のせいで入院してんだ！　殺すぞ！」

　鼓膜を突き刺す鋭い声。少年は右手を固く握りしめ，燃えるような目で私をにらみつけます。烈しい怒号は部屋の外まで響き渡り，病棟に緊張が走ります。

　私は，長野県の片田舎で働く児童精神科医です。25年の臨床の中で，怒りに燃える子どもの姿を幾度となく見てきました。彼らは，意にそぐわないと暴言を吐き，暴力をふるい，モノを壊します。「意味わかんねえ」「うざい」「消えろ」。そんな言葉を浴びせられることもしばしばです。それでも彼らに向き合うのは，虚勢を張る姿から「俺を助けてくれ」という，声なき声が聴こえるからです。

　一方で，「大人の目線で指示すればキレるので，うかつな言い方ができない」「根本的な支援が必要なのはわかっている。でも行為にばかり目がいき，そこまでできない」「自分の中で感情があふれて，関わりが持てないときがある」……。そんな「何とかしてあげたいのだけれど，どうにもできない」という，大人の溜め息も数多く聴いてきました。

　"キレる子どもたち"が社会現象として注目されたのは，1998年に栃木県黒磯市（現那須塩原市）で発生した教師刺殺事件が契機です（杉原一昭著『子ども破壊』）。授業態度をたしなめられた中学生が，校内で教師を刺したという事件です。あれから20年。子どもたちが見せる問題と背景は多様化しています。そして，キレる子どもたちに対する有効な支援方法は，今なお確立されていません。

　暴力を振るう子どもは"悪い"子どもだと思われがちです。暴力行為は

目に余り，周囲への迷惑度も高いので，行為そのものに注意が集中してしまいます。また，子どもに発達特性がある場合は，認知の歪みなどから，周囲が注意してもこころに響きません。大人の気持ちを逆なでする行為を繰り返すこともあります。その結果，支援する大人には怒りの感情が沸きおこります。

　しかし，"悪い"子どもたちのこころの基準は善悪ではありません。子どもは，大人の注目を集めたいのです。普通に振る舞っていても注目されなければ，問題行動を起こしてでも注目されようとします。だから，問題行動の背景にある悲しみや怒りを受け止めることと，子どもたちのこころの中に『自分は自分でいいんだ』という感覚を養うことが，"悪い"とみなされる暴言や暴力を軽減することにつながります。また，怒りに対処する方法は学習することができます。キレそうになったらどうすればよいのか，周囲の大人と一緒に練習をすることは可能です。

　この本を手に取ったあなたは，日々，キレる子どものことで頭を悩ませていることでしょう。
　暴力や暴言は，対峙する大人の孤立感や精神的な落ち込みを大きくします。自己愛の傷つきと無力感を招き，一所懸命な人ほど心身ともに燃え尽きてしまいます。キレる子どもに対する介入の仕方を学んでいなければ，より，その危険が高まります。

　この本の読者は，保育士，小中学校関係者（学級担任，特別支援学級担任，特別支援教育コーディネーター，教育相談員など），児童福祉関係者（児童指導員，児童福祉司，児童自立支援専門員，児童生活支援員，精神保健福祉士など）のキレる子どもに直接関わる方々，そして，これらの人たちにアドバイスする立場にあるスクールカウンセラーなどの心理士，小児科医や児童精神科医を想定しています。
　そうした方々のために，私の拙い臨床経験から積み重ねたキレる子ども

の理解と支え方を，教育機関や福祉機関でも実践できる具体的な方法として紹介しています。また，付録資料として，キレる子どもに対するソーシャルスキルトレーニング（SST）のプログラムや，親が子どもに対する適切な養育方法を学ぶペアレントトレーニングも掲載しました。

　キレる子どもは，SOS を出しています。彼らを救うために，そして彼らを救おうとするあなたのこころの負担を減らすために，本書が役に立つことを願っています。

県立こころの医療センター駒ヶ根 精神科研修研究センター長
信州大学 医学部 臨床教授
原田 謙

＊本書に登場する子どもは仮名です。
＊症例は症例提示に同意をいただいた症例か，複数例を組み合わせた架空の症例です。

イラスト／Namna

目次

推薦の言葉　　iii

はじめに　"キレる"は子どものこころのSOS〜児童精神科医からの提言　　v

第1章　キレる子どもたち　　1

1. 子どもがキレた現場から　　1
2. キレるとは何でしょう？　　3
3. 児童自立支援施設における調査　　6
4. 子どもはなぜキレるのでしょう？　　8
5. 怒りと悲しみから反抗へ　　12

まとめ　　16

　　コラム 1-1　攻撃性は学習される　　10

　　コラム 1-2　キレる子どもと万能感　　16

第2章　キレる子どもに対する心構え　　19

1. "問題行動"は子どもからのSOSと考える　　19
2. 『自分は大事にされている』と感じてもらう　　20
3. 依存欲求を満たすことを目指さない　　21
4. 1人で抱えようとしない　　22
5. "性格"ではなく"発達特性"とみなす　　24
6. 『どんなことがあってもあなたを見捨てない』という覚悟を決める　　25
7. 支援する大人も自分をほめる　　26

まとめ　　27

第3章　キレる子どもへの支援　　29

1. キレる子どもに対して枠付けを行う　　29
2. 枠付けするための構造　　42
3. キレる子どもの気持ちを共有する　　45

4. 怒りをコントロールする　　50

5. 自尊心を高める　　58

まとめ　65

コラム 3-1　I-message と You-message　　36

コラム 3-2　どうしても振り返りができない子ども　　38

コラム 3-3　登校停止について　　40

コラム 3-4　「死ね」という言葉について　　41

コラム 3-5　困った言動に対する返し方あれこれ　　49

コラム 3-6　教師のうつ病　　58

コラム 3-7　自尊心の育ち　　65

第 4 章　発達障害の子どもへの対応で気をつけること　69

1. 安全で穏やかな環境を提供する　　69

2. 集団に入れる際には配慮する　　70

3. ほめる支援を徹底する　　71

4. 予告する　　73

5. 自分で選択させる　　73

6. コミュニケーションや対人関係を手伝う　　74

7. こだわりに配慮する　　75

8. 適切な薬物を服用する　　77

9. 関係機関と連携する　　79

10. 親を支える　　79

まとめ　80

第 5 章　思春期のキレる子どもへの対応　81

1. 思春期の子どもの心理　　81

2. キレる子どもの思春期　　83

3. 思春期のキレる子どもへの対応　　85

まとめ　96

コラム 5-1　思春期における見捨てられ不安や無価値感の防衛　　82

コラム 5-2　仲間を否定しない　　86

コラム 5-3　セカンドステップ　　95

第6章　キレる子どもの親への支援　97

1. 親の理解と協力を得るために（支援者のスタンス）　97
2. 親を支える　98
3. 親に伝えたい対応の基本　99
4. 親のための子育てのヒント　102
5. 困った親への対応　107
まとめ　110

第7章　キレる子どもの医学的理解　111

1. 反抗・反社会的行動の医学的位置づけ　111
2. 反抗挑発症の診断　112
3. 素行症の診断　115
4. 反抗挑発症，素行症の疫学　116
5. 素行症のリスクファクター　117
6. 素行症の発現過程　124
7. 予後と予防　127
まとめ　128
　　コラム 7-1　気質について　124

第8章　キレる子どもへの外来診療　133

1. 多角的な視点からの評価　133
2. 診断　135
3. フォーミュレーション　136
4. 虐待の有無の判定　137
5. 支援・治療の実際　138
6. DBD マーチをたどった症例の治療　148
7. DBD マーチを止めるために小児科医ができること　150
まとめ　153
　　コラム 8-1　児童精神科への紹介　153

第9章 キレる子どもの入院治療　155

1. こころの医療センター駒ヶ根児童病棟の概要　155
2. 児童精神科病棟の治療構造　155
3. キレる子どもの入院治療　158
まとめ　165
　コラム 9-1　PCIT（親子相互交流療法）　166

第10章 教育・児童福祉関係者の悩みに答える　167

1. キレる子どもの支援をしていて困ること　167
2. 家庭について　171
3. 支援する体制について　172
4. 児童養護施設などでの対応　176

付録

付録 1　反抗挑発症に対する
　　　　SST（ソーシャルスキルトレーニング）資料　180
付録 2　ペアレントトレーニング資料　193

あとがき　209

第1章 キレる子どもたち

1. 子どもがキレた現場から

〈シーン1　キレる子ども　大翔　10歳／小学5年〉

　大翔くんが暴れた時の教室の様子です。授業で使っていた教材や筆記用具が床面いっぱいに散らばり，植木鉢は倒されて腐葉土が撒き散らされています。子どもの怒号と周囲の子どもたちの悲鳴や金切り声が聞こえてくるようです。

　きっかけは些細なことです。今の課題が終わったら，パソコンを行う約束をしていたのですが，課題をやっている途中で嫌になり，担任に「もう

ちょっと頑張らないと」と注意されたら，何も言わずにいきなりキレて，暴れ出したのです。

〈シーン2　蓮　7歳／小学2年〉

　蓮くんは小学2年生。勝敗へのこだわりが強く，自分の思い通りにならないと怒り出し，前後の見境がなくなってしまいます。

　ある日，支援学級でブロック遊びをしていましたが，ほかの子がブロックをいじったことに腹を立て，言い争いが始まりました。担任が仲介して双方の言い分を聞いている時，「俺は何も悪くない」と言った相手の子に対して，ストーブにのっていたたらいに入ったお湯を，いきなり浴びせかけました。「なんてことするの！」と驚く担任に対して，「だって，ムカついたから，かかればいいと思った」と答えました。呼び出された母親がきつく叱ると「誰も自分のことを心配したり，味方になってくれない」と言って泣きました。

〈シーン3　悠斗　10歳／小学5年〉

　悠斗くんは知的に境界域にある小学5年生の男の子です。

　ほかの子がやっている遊びに入りたくて，ルールを教えてもらいましたが，理解できませんでした。それを「ちゃんと教えてくれない」と言って怒りだし，廊下に貼ってあった絵を破ったり，ほかの子の靴を外に放り投げたりしました。

　担任が相手の言い分を聞いている時，相手が「よく覚えていない」と言うと，悠斗くんはいきなりその子の頭を引っぱたきました。担任がからだを押さえて止めると，今度は「俺なんか死んだ方がいいんだ」と言って自分の頭を打ち付けました。

　落ち着いてから担任が「なぜいきなり叩いたの？」と問うと，「家では覚えていないと言うといつも父ちゃんに頭を叩かれる」からで，「だからあいつも叩かれて当然だ」と言うのでした。

キレる子どもが，子どもの世界では大きな問題になっています。

文部科学省による，2016 年度児童生徒の問題行動等生徒指導上の諸問題に関する調査[1] は，暴力行為の低年齢化を指摘しています。中学校，高等学校での暴力行為は減少傾向にあるものの，小学校での 1000 人当たりの暴力行為発生数は 3.5 件と，2008 年度（0.9 件）から 8 年間で約 4 倍に増えています。

また，こうした子どもたちが児童精神科の外来を訪れることも稀ではありません。2014 年 4 月から 2017 年 3 月の 3 年間に，こころの医療センター駒ヶ根児童精神科を受診した 557 名の中で，家や学校での暴力や反抗，素行の問題を訴えて来院した子どもは 21 名であり，新患患者の 3.8% を占めました。また，同じ 3 年間に暴力や反抗の問題で入院した子どもは，児童病棟入院患者の 23.8% にのぼりました。

2. キレるとは何でしょう？

"キレる（切れる）"は近年の日本の俗語で，我慢が限界に達して理性的な対応ができなくなることを指します[2]。従来の言い方なら"激昂（激高）する"という意味です。怒りの感情が昂ぶり，我慢の限界を超えて一気に爆発する状態が"キレる"と表現されます。怒りをコントロールできないことが不適切なのであり，あらゆる問題を引き起こしてしまいます。

"キレる"と"怒る"は同じではありません。怒りは基本的感情の一つであり，大切な感情です。

怒りの発生に関しては，進化的，認知的，生理的，社会的などの立場からの説明がなされています。感情心理学者の湯川[3] によれば，怒りとは「自

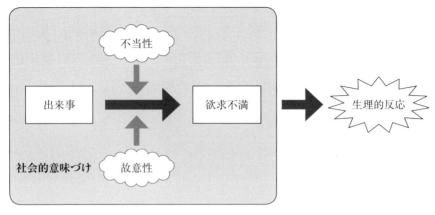

図1-1 怒りの展開

己もしくは社会への不当な,もしくは故意による物理的・心理的な侵害に対する自己防衛,もしくは社会維持のために喚起された心身の準備状態である」と定義されます。

この定義に沿えば,怒りは,自分の身の回りで起こった出来事に対して,それを正当ではないと認識し(不当性),わざと行われた(故意性)と解釈することから生じると考えられます。また,ある行動に対する不当性や故意性の認知は,所属する社会の文化や道徳に大きく影響を受けると言われています。怒りは適応プログラムのひとつであり,私たちが相手からの不当な搾取を逃れ,互いに最大利益を得るよう,協力し合うようにさせる機能があると考えられています(**図1-1**)。

一方,"キレる"については,その定義の曖昧さからか,系統的な研究はあまりないようです。EQ(Emotional intelligence Quotient;情動指数)が生きる上で重要であることを説いたダニエル・ゴールドマンによれば,人間の脳は「情動によって脳がハイジャックされる」ことがあるそうです[4]。これは,視覚や聴覚といった知覚刺激が,理性を司る大脳皮質よりも情動を司っている扁桃核などの大脳辺縁系に早く到達するからです[4]。この説明に沿えば,"キレる"とは,怒りという情動が脳をハイジャックし,制

第 1 章　キレる子どもたち　　5

表 1-1　子どもが怒りを感じる場面

1. 不当な扱いを受けた
  例：ゲームを中断させられた，仲間はずれにされた，差別・贔屓・不公平を感じた
2. 悪意を感じた
  例：悪口を言われた，いじめられた，こっちを見て笑った
3. ルール違反
  例：校則違反，いいつけを破った，時間に遅れた
4. 嘘をつかれた
  例：約束を守らなかった，人のせいにした，ごまかした
5. 劣等感を感じた
  例：ゲームが攻略できない，勉強がわからない，言い負かされた

御不能となった状態だと言えます。

　子どもたちについて考えてみましょう。
　子どもが怒るのは，例えば表のような不当性／故意性を感じる場面です。子どもの世界でも，怒りの発生には不当性と故意性が重要な要素であると言えそうです（**表 1-1**）。
　子どもに限りませんが，怒りが爆発する過程には２種類あると私は考えています。自分の中に抱えている怒りそのものが大きいタイプと，小さな怒りでも抑えるのが難しいタイプです。
　怒りそのものが大きくなるには，成長の過程で不当性や故意性を感じ続けてきた場合が想定されます。その代表が虐待です。愛され大切に扱ってくれるはずの親から叩かれたり，放っておかれたりすれば，その子どもの中には怒りがマグマのように蓄積されるでしょう。すると，その子どもは，後の人生の中で些細な不当性に対しても怒りが爆発します。ほぼいっぱいに入っているコップには，少し水を注いだだけでもあふれてしまうさまに似ています。
　小さな怒りでも抑えられないタイプは，不当性や故意性を過大に評価す

る場合が想定されます。例えば，発達障害[注1]の中には，「こうでなくてはならない」というこだわりが強い子どもがいます。こだわっていることに関しては，少しでも意にそぐわないと不当性を感じやすくなります。あるいは，低年齢からずっといじめにあっていたような子どもは，ものごとの因果を被害的に解釈します。そういう子は，客観的にはわざととは思えないようなことでも故意性を感じやすくなります。これらは，コップの容量そのものが小さくて，少し水を注いだだけでもあふれてしまうさまに例えられます。

　最近の子どもたちは，小さいころから「いい子」でいることを強要されているように，私は感じています。乱暴なことをすると，すぐに親に怒られますし，「みんなと仲良く」というようなスローガンが教室に掲げられていることは少なくないと思います。そうした子どもたちにとって，怒りはいつも抑え込んでいなければいけないものになっています。そういう意味では，どの子どもが，いつキレてもおかしくない気もします。

　ただ，もともと俗語であるだけに，近年の子どもの世界では，"キレる"は"怒る"と同じ意味で使われているようです。この本では，激昂するという意味での"キレる"を念頭に置きながら，広く，怒り全般について考えていきます。

3. 児童自立支援施設における調査

　前項の説明で，虐待や発達障害を例として出しましたが，これは決して思いつきではありません。

　私は 20 年以上，児童自立支援施設の嘱託医をしています。児童自立支

注1) 最新の診断基準である DSM-5 では，神経発達障害と神経発達症が併記されています。障害という名称は使われなくなる方向と考えられますが，本書では一般に馴染みのある発達障害という呼称を使いたいと思います。

第 1 章　キレる子どもたち　　7

表 1-2　筆者が行った児童自立支援施設での調査内容

本人に対して	・反社会的行動の内容 ・初発年齢 ・入所時病名 ・性格／人格検査 ・診断面接 ・WISC-Ⅲ（知能検査）
生育環境	・両親の職業／学歴 ・両親の性格 ・両親の精神障害 ・両親の犯罪歴 ・実父母の離婚 ・養育者の頻回の交代 ・両親間の不和／崩壊家庭 ・虐待の有無
評価尺度	・ADHD-RS（注意力欠如多動症の尺度） ・ASSQ（自閉スペクトラム症の尺度） ・ODBI（反抗挑戦症の尺度） ・CDRS-R（うつ状態の尺度）

援施設とは反社会的行動をとる，あるいはそのおそれの強い 14 歳以下の子どもを入所させ，矯正し，社会復帰させる施設です。入所している子どもの中で，最も多い入所理由は窃盗（万引き）ですが，次いで多いのが，学校や家庭での暴力です。

　私は，こうした子どもたちと接して，虐待的養育を受けていた子どもと発達障害の子どもが多いことに気づきました。そこで，2012 年 4 月〜2016 年 3 月の 4 年間に，某児童自立支援施設に入所していた，小学 6 年生から高校 2 年生の子ども 46 名（男児 41 名，女児 5 名，平均 12.7 歳）を対象に素行の問題に至る経緯に関する調査を行いました（**表 1-2**）。

　対象児 46 名中暴力が主な理由に入所していた子どもは 18 名でした。

　結果として，暴力的な子どもの特徴としては，

　　・15 名（83%）が男子

　　・8 名（44%）が発達障害（うち注意欠如多動症〈Attention Deficit Hyperactivity Disorder, ADHD〉4 名，自閉スペクトラム症〈Autism

Spectrum Disorder, ASD〉4名，境界知能1名。重複あり）
であり，養育の問題としては，
　・13名の実父母が離婚，1名は未婚の母（計78％）
　・12名の子どもが虐待的養育を受けていた（このうち身体的虐待は10名，ネグレクトが9名。計67％）
が認められました。
養育の問題が見出されない子どもは，2名（11％）だけでした。

4. 子どもはなぜキレるのでしょう？

この結果をもとに，子どもがキレて暴力に至る経緯を考えてみましょう。

子どもがキレる背景には不適切な養育が認められます。最も割合が高かったのは離婚です。

時系列的に，離婚は子どもの問題に先行します。通常は子どもの誕生の前後から夫婦間の不和，葛藤状況というものがあり，誕生後，数カ月から数年で離婚となります。調査ではそこまで踏み込めませんでしたが，そこに至るには，両親それぞれの性格や発達特性，あるいは親自身の生育歴が関係するでしょう。例えば，親の親（キレる子どもからすると祖父母）に暴力やアルコールの問題があったり，親自身が虐待を受けて育った，というようなことです。

前述したように，こころの医療センター駒ヶ根の病棟には，家庭や学校で暴れる子が入院してきます。その子たちが口を揃えて言うことは「うちの親はいつもけんかしている（た）」ということです。子どもの思考は自己中心的です。彼らは両親がけんかしているのは自分が悪い子だからだと考えます。離婚や離婚になりかねないほどの夫婦の不和は，子どもの自尊

感情を低下させる大きな要因と言えます。

　また，離婚して母子家庭となった場合，お母さんが昼夜にわたって働きに出てしまい，子どもの養育まで手がまわらないという現実もあるかもしれません。いずれにしても，夫婦の結びつきが切れると，子どもはキレやすくなる傾向があるのです。

　調査で次に多かった要因は，虐待に代表される不適切な養育です。

　子どもは生後まもなくから愛着行動を示します。例えば，おっぱいを吸う，抱きつく，後追いをする，泣く，微笑むなどです。これに対し，親，特に母親は絆行動をとる関係にあります。例えば，おっぱいをあげ，抱っこをしてあげ，追いかけてきた子を抱き上げます。この相互作用によって親子の絆（これを精神医学的には"アタッチメント"といいます）が育まれます[5]。身体的不快を取り去ってもらうだけでなく，悲しい（泣く），うれしい（微笑む）などの感情を共有されることによって，子どもは親に基本的な信頼を抱き，同時に自分が大切な存在であるという自尊感情が芽生えるのです。

　しかし，不適切な養育が行われるとき，子どもの愛着行動に対して，親は適切な絆行動を示しません。例えば，悲しくて泣いている子どもに「うるさい」と怒鳴りつけたり，しがみつく子どもを振り払ったりします。親も人間ですから，仕事でうまくいかなかったり，姑に嫌味を言われイライラして，そうした言動をとることがあるかもしれません。それはある程度は仕方のないことですし，問題にはなりません。しかし，それが日常的になれば，虐待と呼ばれるレベルとなります。

　虐待の中で最も多かったのは身体的虐待，すなわち親から子どもへの暴力でした。暴力を振るわなくとも，過度に厳しい養育も多数認められました。次いで多いのはネグレクトや放任（子どもを監督しない状態）でした。このいずれもが，『お前のことは嫌いだ』『お前はいらない』という強烈なメッセージを子どもに植えつけます。そこに親子の絆（アタッチメント）

は育ちません。

アタッチメントが弱い子どもは他人に対する信頼感を持てません。自尊感情が低下し，自分も肯定できなくなります[6]。その影響としては，反抗や暴力だけでなく，リストカットなどの自傷，いじめ，不登校，家出，摂食障害，依存症，うつ病，人格障害，そして自殺などのさまざまな問題が，特に思春期以降に現れてきます。

◪ コラム1-1　攻撃性は学習される

　攻撃性は学習されます。虐待を受けた子どもはそうでない子どもに比べて強い攻撃性を持つことがあります。これには2つの理由があると考えられます。

　1つ目は親との同一化です。虐待された子どもは，親から暴力を受けると無力感や絶望感を強く抱くようになります。それはとても辛い体験なので，自分のこころを守るために，自分を虐待した親に同一化し，暴力を振るうようになると考えられています。2つ目は解決方法の学習です。攻撃行動は不適切ですが，目の前の問題を解決する手段でもあります。虐待を受けた子どもはトラブルの解決方法として暴力を振るうことしか学習しておらず，それを自分も利用するようになってしまいます。

　次に注目すべきは，子どもの発達障害です。暴力を主訴とする子どもの半数近くに発達障害が認められたということは，看過できない事実です。

　まず考えるべきは，衝動性です。

　ADHDの3主徴の1つである衝動性は，暴力や素行の問題に最も相関が高い要因です。

　衝動とは，人の心や感覚を突き動かし，思慮や反省なしに人を行動におもむかせる心の動きです[2]。衝動は本能に準ずる原始的な脳機能であり，通常は意志や理性といったより高次の脳機能によって制御されています。しかし，制御しきれないほど強い衝動や衝動の制御障害が起きると，欲求がそのまま行動として現れ，無計画で暴発的，短絡的な行動がみられます。

表 1-3　発達障害の子どもが親を苛立たせる 10 の理由

(1)　こだわりが強くて言うことを聞かない
(2)　時間が守れない
(3)　順番を待てない
(4)　勘違いや思い込みが多い
(5)　周りの迷惑を考え（られ）ない
(6)　自分勝手な言動（他者目線に立てない）
(7)　本当のことを言って人の気持ちを逆なでする
(8)　騒がしい
(9)　うっかり，不注意
(10)　叱られても経験から学ばない

これを衝動行為といい，衝動行為があらわれる傾向のことを衝動性と呼びます。衝動性が高ければ，刺激に対して感情的な反応を起こしやすくなります。脳がハイジャックされやすい，すなわちキレやすい状態です。

　衝動性が生じるメカニズムにおいて重視されるのは大脳における行動を抑制する機能（抑制機能）です。本来，目的にそぐわない不適切な行動は大脳の前頭皮質によって制御されていますが，ADHD をはじめとする発達障害の子どもは抑制機能がうまく働かないため，結果として衝動性が高くなると説明されています[7]。

　衝動性と並んで問題となるのは，発達障害の養育の難しさです。

　こだわりが強くて言うことを聞かない，時間にルーズ，周りの迷惑を考えない行動をとる，人の気持ちを逆なでする……。こうした特性を持つ子どもの養育は困難です。さらに過去の経験から行動を修正する機能が弱いため，叱られても叱られても，何度も同じような行動を繰り返してしまいます。だからこうした子どもの養育には根気と忍耐がいります。中には，しつけに躓き，いらだち，戸惑い，不適切な養育に傾く親も出てくるでしょう（表 1-3）。

5. 怒りと悲しみから反抗へ

前項の調査に文献的知見を加えてまとめたものが，**図1-2**です[注2]。

遺伝子レベルの変異や胎内でのアルコール・薬物への曝露などによって，セロトニンなどの神経伝達物質の量や機能に異常が生じます。するとそれらによって仲介される，脳内の神経回路の異常がもたらされます。神経回路の異常は，実行機能障害や衝動性などの特性（以下発達特性）を生じます。衝動性が高ければ，刺激に対して怒りを含む感情的な反応を起こしやすくなります。

それに加えて，発達特性を持つ子どもは，しつけや養育が困難です。このため，こうした子どもは，体罰を含む過度に厳しいしつけを受けたり，拒絶されたり，あるいは両者の入り交った一貫性のない養育を受けるリスクが高まります。親自身，不適切な養育を受けていれば，なおさら子どもに適切に関わることが難しくなります。これが過度になれば，虐待と呼ばれるレベルとなります。

臨床的には，子どもに発達特性があれば，親にも同様の特性が認められることがあります。親自身の発達特性が強いと，やはり不適切な養育に傾く可能性があります。例えば，『嘘は絶対についてはいけない』など，子育てに関する思い込みやこだわりが強いと，その通りにならない子どもに"不当性""故意性"を感じてイライラしやすくなります。また，親自身の衝動性が高かったり，怒りをコントロールすることが難しければ，子ども

注2）注意していただきたいのは，このモデルは雛形であるということです。発達障害の併存も含めて，素行症の子どもがこれらの要因を全て兼ね添え，同一の経路をたどるのではありません。発達特性が強い子もいれば，そうした特性はほとんど認めない子もいるし，悲惨な虐待を受けてきた子もいれば，養育の問題が目立たない子もいます。
　素行症という最終形態は一緒でも，そこに至る過程は複数の要因の足し算や掛け算によって成り立っていると考えられます。

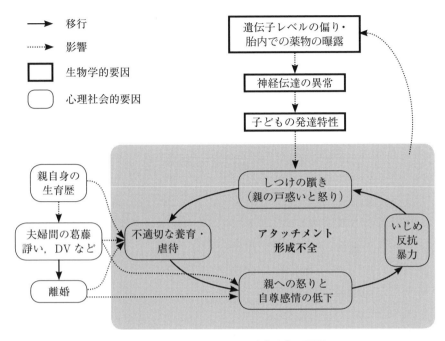

図 1-2　アタッチメント形成不全の展開

にきつく当たることが増えるかもしれません。あるいは，親の共感性が乏しければ，さまざまな気持ちのズレが親子間に生じ，さらに不適切な養育を招くことにもなります。

　大切にしてくれる，守ってくれるはずの親から，怒られてばかりいたり，叩かれたり，蔑まされて育てば，子どもは自分を受け入れてもらえないことへの怒りを感じるでしょう。その怒りが最初から親に向けられることはありません。怒りを直接表現すると，さらなる親の怒りや不適切な養育を招くことを子どもは知っているからです。怒りは火山のマグマのように，心の奥に溜まっていきます。同時に，子どもの自尊感情は低下します。子どもの思考は自己中心的であるため，親が不適切な養育をしても，それは自分が悪い子だからだと考えるからです。『私は生まれてこなければよかった』『俺なんか存在する価値はない』と信じ，抑うつ的になります。

こうした子どもの怒りが表に出るのはどんなときでしょうか？

自分を許されていないと感じる子どもは，他人も許しません。故意性と不当性を感じる何かのきっかけがあると爆発的に怒ります。例えば相手に嘘をつかれたときなど，正当に怒っていい機会が来ると，その怒り方は容赦がありません。また，怒りの鉾先は，年下の子ども，ペットや虫などの弱いものに向かいます。弟や妹がいれば，いじめが起こります。人の目のあるところでいじめて周囲の大人に怒られれば，陰でいじめるようになるでしょう。

こうした行動は，親からの注目を集めたいという，注意引き行動という見方もできます。自分を認めてもらえない子どもは，良い面を増やすのではなく，良くない行動をとってでも，親の注目を集めようとするものです。

これに対して親が自分の養育を振り返ってくれるといいのです。『何か不満があるのでは？』『自分は子どもの気持ちを受け止めてないのでは？』と考えてくれれば，誰かに相談して軌道修正できるかもしれません。しかし，不適切な養育を行う親は，逆に，こうした子どもを"困った子ども"だとか，"悪い子"だと捉え，これまでの不適切な養育をさらに強化させます。こうして育てにくい子ども→不適切な養育→怒りと自尊心の低下→暴力や反抗→不適切な養育という負のスパイラルが形成されます。親子のアタッチメントは修正の機会を失い，適切に形成されることなく幼児期を過ごすこととなります。

一方，こうした環境要因が遺伝的要因の発現を促進する可能性も指摘されています。いずれにしても，アタッチメント形成阻害の悪循環が繰り返されると，子どもの怒りは"恨み"となり，キレやすい子どもに育っていくと考えられます。

もう一度，冒頭の大翔くんの生育を振り返ってみましょう。

〈ケース１　キレる子ども　大翔　10歳／小学５年〉

　大翔くんは３歳から保育園に通っていました。園では落ち着いて座っていられず，ほかの子と同じ活動をするのが苦手でした。誰にでも人懐こく話しかけますが，話は一方的で，思い通りにならないと手が出ました。園からの勧めで年長さんの時，地域の小児科を受診し，ADHDと診断され投薬も始まりました。大翔くんが幼少時から諍いの絶えなかった父母は，このころ父親の不倫が原因で離婚をしています。

　小学校に上がっても，教室では着席していられず，教室を脱け出して校庭で遊んでいました。懇談会では担任から，「目線が合いにくい」「集団行動に参加できない」と言われました。「自分なりの決め事があって，それを変えられない」ために友達とケンカになることもありました。衝動的にほかの子の頭を石で殴り，けがをさせたこともありました。こうしたトラブルが起こるたびに，お母さんは厳しく叱るのですが，大翔くんが謝ることは決してありません。それでお母さんもキレて「手を上げたこともありました」。しかも，叱責の効果は乏しく，同じトラブルを繰り返すことでも，大翔くんは怒られてしまうのでした。

　高学年になると，反抗や暴力が目立ってきました。例えば先生に，「ちゃんと掃除しなさい」と強く言われて怒り，態度が悪いと注意されると睨み付けました。廊下でぶつかった子をいきなり叩いたこともありました。高学年になって勉強や学校活動での失敗体験が重なり，イライラが募っているようでした。今までは一緒に遊んでいた友達も，一緒に遊ばなくなりました。

　診察場面でも，目線が合いにくく，会話も少し内容が深まると噛み合いませんでした。お母さんも話が迂遠で問われたことへの返答が的を得ません。こだわりの強い子育てをしており，「何かと注意し」「心配からつい手を出した」そうです。一方，大翔くんの要求は「結局受け入れてきた」と言い，過保護・過干渉な養育をしてきたようです。最近は，こだわりを通そうとする大翔くんとケンカの毎日だと言います。

大翔くんは，虐待を受けたと認められたわけではありません。しかし，発達障害を含めて，ありのままの自分を受け入れてもらって育ったのかというと，そうとは言いかねます。

キレる子どもがキレるきっかけは，さまざまでしょう。しかし，彼らは，親から"大切に思っている"というメッセージを受け取ることができず，自分を肯定できないという点では共通しています。

まとめ

・怒りは大切な感情です。ただし，それをコントロール出来ないことが問題です。
・子どもがキレる過程には，育てにくさと養育の偏りとの相互作用が影響していると考えられます。
・キレる子どもとはありのままの自分を受け入れてもらえなかったと感じている子どもです。

> ### ◘ コラム1-2　キレる子どもと万能感
>
> 　対象関係論的発達理論によれば，子どもは，1歳過ぎから始まるしつけに伴う失望や欲求不満によって，「母親は自分に愛情を注ぐだけでなく欲求不満をもたらす存在だし，自分は世界を自由に操れる万能的存在ではない」ということを次第に受け入れていくと言われています。しかし，親のもたらす欲求不満があまりにも過大である場合，子どもには歪んだ自己愛が育っていくと言われています。もう少し正確に言うと，子どもは親が求める現実を無視した理想的子どもでなければ辛い仕打ちを受けるので，無意識のうちに幼児的な万能感を手放さず，思春期まで成長していくのです[8]。
>
> 　万能感の強い子どもは，人の目や評価を過度に気にして，何かしら自分は偉い，自分はすごいということを誇示したがります。一方で，些細な事でも自分の思いや気持ちを認めてもらえないと，不当性を感じて激怒するようになります。妬みや恨みの感情にとらわれ，「いつも俺ばっかり怒られる」「誰も俺のことをわかっ

てくれない」と思うようになります。子どもに発達特性が強いと，こうした思い込みや決めつけはさらに修正しがたくなると考えられます。

引 用 文 献

1) 文部科学省初等中等教育局児童生徒課：平成 28 年度「児童生徒の問題行動・不登校等生徒指導上の諸課題に関する調査」（確定値）について. http://www.mext.go.jp/b_menu/houdou/30/02/_icsFiles/afieldfile/2018/02/23/1401595_002_1.pdf
2) 新村 出編：広辞苑 第七版. 岩波書店，東京，2018
3) 湯川 進太郎：怒りの理論. 怒りの心理学，p.3-17，有斐閣，東京，2008.
4) ダニエル・ゴールマン著，土屋京子訳：EQ こころの知能指数. 講談社，東京，1998
5) Melvin Lewis：Attachment behavior. In Jerry M. Wiener and Mina K. Dulcan (eds.). Textbook of child and adolescent psychiatry. （齊藤万比古，生地新監訳：児童青年精神医学大事典. p.25-27，西村書店，東京，2012.）
6) ボウルビイ著，作田勉訳：母子関係入門. 星和書店，東京，1981.
7) Sonuga-Barke: The dual pathway model of AD/HD: an elaboration of neuro-developmental characteristics. Neuroscience & Biobehavioral Reviews, 27：593-604, 2003.
8) マスターソン著，富山幸佑，尾崎新訳：自己愛と境界例. 星和書店，東京，1990.

第2章 キレる子どもに対する心構え

　キレる子どもと言っても，四六時中キレてるわけではありません。不当性や故意性を感じていなければ，ほかの子と同じように穏やかに過ごせることも多いでしょう。

　この章では，キレる子どもに関わるときに求められる心構えを説明します。なぜノウハウより先に心構えをお話するのかというと，どんなに合理的な対応も，こころがこもっていなければ効果は半減する，と私は考えているからです。

1. "問題行動"は子どもからのSOSと考える

　第1章で述べたように，キレる子どもとは虐げられた子どもです。彼らは自分と未来を肯定できません。『不当に扱われている』と怒りを感じるとともに，『それは自分が嫌われているからだ』と考えます。

　暴力や器物破損などの"問題"行動は，ひとつの表現型です。自分の方を向いてほしいがゆえに問題を起こします。大人にとっては問題ですが，子どもからすればSOSです。行動だけをとらえて叱責し，罰を加え，その行動が一時的に収まったとしても，本質的な解決にはなりません。

　無視できる行動は無視するのが原則です。とは言え，暴力や器物破損で

その子や支援する大人がけがをしても困りますし，威嚇や怒鳴り声を聞けば，周りの子どもも怯えてしまいます。だから，見過ごすわけにもいきません。叱責は行動を止めさせるときだけ。きっぱり，はっきりと伝えましょう。そして，『この子は何を不当だと感じているのだろう？』『この子はなぜ怒りが抑えられないのか？』といった疑問をもつことが，支援のスタートです。

　当然ですが，暴言・暴力には屈してはいけません。脅されたり，物を壊されたり，しつこく言い続けられると，ついつい『大変だから言うとおりにしたほうがいいかも』という思いが頭をよぎるでしょう。しかし，一旦，暴言・暴力で自分の思いが通ると，子どもは必ず次も同じ方法で思いを通そうとします。ダメなものはダメと毅然とした態度を貫きましょう。特に，初め（関係の浅い段階）が肝心です。

2.『自分は大事にされている』と感じてもらう

　キレる子どもの担任／担当になったとき，一番大切なポイントは何でしょうか？

　私は，『自分は大事にされている』という感覚を持たせられるかどうかだと考えています。なぜなら，それこそ，キレる子どもが一番欲していることだからです。しかし，ここに大きな壁が立ちはだかります。そのメッセージを伝えたくても，これまで大人に虐げられてきた子ど  もは，本当に自分を委ねていいかどうかを執拗に試してくる，という壁です。自分を受け入れてくれそうな大人であればあるほど，距離が近くなればなるほど，試し行動は強まります。暴力以外にも，反抗，暴言，挑発，価値下げなど，あらゆる方法で，怒りと敵意を向けてきます。対する大人は，子どもの怒りをしのぎ，その奥にある悲しみを見据えて，子どもを受

け止める覚悟が求められます。

3. 依存欲求を満たすことを目指さない

キレる子どもは，親との関係が葛藤的であることが一般的です。だから親以外の大人が，アタッチメントを修復する必要があります。一般に，アタッチメントは"愛着"と翻訳されることが多く，「人が他者と形成する情緒的な絆」と定義されます[1]。そう言われると，『足りない愛情を注がないといけない』『甘えたい気持ちを満たしてあげないといけない』というイメージを抱くのではないでしょうか？

しかし，それを追求しだすと泥沼にはまります。

〈ケース2　支援者が泥沼にはまった　陸　12歳／中学1年〉

陸くんは中学1年の男児です。特別支援学級に通級しています。

支援学級の担任は，母親から叩かれて育ったという陸くんの境遇にいたく同情し，親身に話を聞いてあげました。初めは話を聞いてもらえることに喜び，「先生しかわかってくれる人はいない」と言っていた陸くんですが，慣れるに連れて段々要求がエスカレートしていきました。2人きりの状況で「足をさすってくれ」「腰をもんでくれ」などと，母親に求めるようなことを要求するのです。そういうときは大抵，不機嫌だったり情緒が不安定な状態にあるので，「それはできない」と断ると余計にイライラしだします。しまいには，「先生だけは俺の気持ちがわかってくれると思っていたのに！」と，キレて暴れるようになってしまいました。

それ以後，先生は，陸くんの言うことに逆らえなくなってしまいました。

母子関係理論を提唱したボウルビィはアタッチメントを、「危機的な状況に際して、あるいは潜在的な危機に備えて、特定の対象との近接を求め、またこれを維持しようとする個体の傾性である」とし、「この近接関係の確立・維持を通して、自らが"安全であるという感覚"を確保しようとするところに多くの生物個体の本性がある」と述べています[2]。すなわち子どもは、信頼できる大人にくっつく（アタッチ）ことで、危機的状況における不安や恐れから自分のこころを守ることができるのです。幼い子どもが見知らぬ人と出会うと母親にしがみつく、あれがアタッチメントの典型例です。

　反対に、キレる子どもはアタッチメントの形成が不十分な子どもです。危機的状況でも誰にも頼ることができず、攻撃することでしか自分を守るすべを知りません。その一方で「この人なら」と甘えだすと、陸くんのように際限がなくなってしまいます。

　キレる子どもに対しては、依存欲求をストレートに満たそうと思わないほうがいいと私は思います。それよりも、困難に直面したときに助けてもらい、乗り越えることの繰り返しによって、『困ったときには、この人（達）に頼ろう』という思いをもってもらうほうが、ほどよい距離感だと思います。これが、アタッチメント修復のポイントです。ここを目指しましょう。

　これは甘えを満たす必要はないと言っているのではありません。しかし、それは副次的なものとして横目に見ていたほうが、正面から依存欲求を満たそうとするよりもはるかに良い結果を生む、ということを言いたいのです。

4. 1人で抱えようとしない

　学校なら担任が、施設なら担当が中心となり、チームを組みましょう。
　子どもはみな、悪気なく自分の見方

で物事を説明します。味方になってもらいたい人には，自分に都合の悪いことは言いません。発達障害の子どもは，その特性から，なおさらこうした傾向が強まります。そうなると，支援する側も『この子は悪くない。だから私がこの子を守ってあげないと』と力が入ります。感情移入もある程度必要ですが，過度になると冷静な判断ができなくなる可能性が出てきます。

逆に，その子との反りが合わないと，お互いに大変ストレスフルな状況になります。キレる子どもは思い込みの強い子が多く，いったん，『こいつは使えない』と決めつけるととことん攻撃してきます。特に支援学級などで，大人が1人で対応しなければいけないような状況では，子どもとの関係が悪くなると大変です。少なくとも年度末の3月が来るまで，教室が針のむしろとなります。

ですから，複数の人間でキレる子どもを支えましょう。

ただ，支援する人間が増えると別の問題も生じてきます。

キレる子どもたちは，信頼できるA先生には「先生だけ」ともちあげ，彼を強く叱れない気持ちになっているA先生の前で，B先生の欠点やミスをこきおろします。荒唐無稽な批判ならA先生も惑わされないかもしれませんが，B先生の欠点を見抜いて，もっともらしく理由付けされると，A先生も乗せられてしまいます。

こうした操作によって，支援者同士の関係がこじれることがあります。理想化された"良い"先生と価値下げされた"悪い"先生の間に溝が生じるのです。対象関係論的には，これを"対象関係の分裂"といい，アタッチメントに問題のある子どもがしばしば引き起こす現象です。

大事なことは，理想化された人も価値下げされた人も，今起こっている状況（＝分裂）は，キレる子どもと接していれば必ず起こることであり，決して絶対的事実ではない，ということを認識することです。そして，理想化されている支援者は，子どもの「先生だけが味方」とか「先生しかわ

かってくれない」などという甘い言葉に酔うことなく，いけないことはいけないと制し，価値下げされている支援者は，自責的になったり，その子どもを嫌ったりしないことをこころがけましょう。

また，理想化された人と価値下げされた人は，頻回に情報交換しましょう。そうでないと，子どもの言動に振り回されてしまいます。複数の目で，目の前の子どもを理解し，理解を共有し，一緒に支援することが大切です。

5. "性格"ではなく "発達特性"とみなす

第1章で述べたように，キレる子どもは一定の割合で発達障害を併せもっています。でも発達特性は暴力や反抗が強まる過程に影響する要因の一つです。発達特性があるから暴力的になったり反抗するわけではありません。したがって，すべての暴力や反抗は修正可能です（ただ，発達特性が強ければ，修正が難しいということは言えます）。

ここに，発達障害をもつキレる子どもを支援する難しさがあります。というのも，支援者は『もし養育から生じた反抗であれば正さないといけないし，発達障害からくる特性であれば受け入れないといけない』と，判断に迷うからです。診療でも，親御さんから「どこまでが性格で，どこからが発達障害でしょうか？」という質問をよく受けます。でも，この問いに正解はありません。1人の子どもを，ここまでが育ちの問題，ここからが発達特性，と分けることはできないからです。

例えば，発達特性をもつ子どもは，先行きを想像できない不安からイライラすることがあります。発達障害をもつキレる子どもが行事前にイライラしていても，どこまでが反抗からくるイライラで，どこから発達特性に基づくイライラなのかは誰にもわかりません。この判断に迷うときは，『発達特性からイライラしている』と考えて対応しましょう。その方が，子どもを責める気持ちが少なくなり，建設的に対処法を考えられるからです。

逆に，その子に発達障害があれば，"儲けもの"と思いましょう。『この

子は発達障害だから』という見方をすることで，その子を嫌わずに済むからです。失敗したら失敗から学べばいい，短所と長所は表裏，マイノリティはスペシャル，というスタンスで，発達障害をもつキレる子どもに向き合いましょう。

6.『どんなことがあってもあなたを見捨てない』という覚悟を決める

　子どもを支えるには，子どもと同じ目線に立ち，子どもの言葉に耳を傾け，子どもと同じ見方をして子どもの味方になりましょう。その態度を観て子どもは大人に信頼を寄せていきます。もっとも虐待の程度が強いほど，大人を試す行動も激しくなり，信頼関係を築くのも難しくなります。子どもの挑発に乗ったり，感情をかき乱されて，子どもと接するのが嫌になってしまうと支援はうまく行きません。接する大人には，子どもを助ける熱意を持ちながら，今起こっていることを客観視する冷静さも求められます。そして『どんなことがあってもあなたを見捨てない』という覚悟が求められます。

〈ケース3　覚悟を求められた　大輝　11歳／小学6年〉

　大輝くんは，ADHDをベースに，家庭では母，弟への暴力，学校では級友への暴力が問題で，こころの医療センター駒ヶ根の児童病棟に入院した小学6年生です。

　一応本人も理解して入院してきたはずでしたが，入院翌日には家に帰ると言い出しました。こうしたことは，子どもの入院ではよくあることで，母親にも説得してもらい，入院が継続されることになりました。けれども入院に納得せず，変化に不安を感じ，治療に抵抗する大輝くんは，主治医

の顔を見るたびに退院を要求しました。このため，その都度，大輝くんと話し合い，「思い通りにならないと暴れて思いを通そうとする今のやり方を変えないと，大人になってもずっと苦労する」と説得を続けました。しかし，やり取りをしているうちに「言ってることがわからない」と興奮してきます。特に感情に触れられると大輝くんは激怒しました。結局，話は深まらず「先生は嫌い」「先生が主治医でなかったら入院を続ける」と，思い通りにならないことへの不満を主治医への攻撃に転化しました。

　その後は，規則や約束を逸脱し，要求が叶わないといらだちをあらわにしました。「きもい」「うざい」などという挑発も随所にちりばめながら，暴言・暴力や迷惑行為は繰り返されました。日々の生活の中でそれを抑えようとする治療スタッフからは，「入院していても，何も変わらない」「早く退院させて欲しい」という声が日に日に増していきました。結局，入院目標を，キレたときにタイムアウト（第3章参照）が取れることに限定し，3カ月間それを練習し退院となりました。

　退院後，担当看護師は，「私たちにもう少し覚悟があれば，反抗や暴力の奥にある，怒りや悲しみにもアプローチできたのではないか？」と振り返りました。子どもを見捨てない覚悟がいかに大切か，そしていかに難しいかを教えられた症例でした。

7. 支援する大人も自分をほめる

　大輝くんのケースのように，こうした子どもを支援するのは大変なことです。

　相手は支援する大人を信じていません。それどころか，支援を余計なお世話だと疎み，些細な失敗を攻撃し，「お前には何もできない」と価値下げして来ます。子どもが自分と全く異なる性格であれば，まだやりやすい面

もありますが，支援者と子どもの短所が似ている場合，支援者が自分自身の短所を受け入れていなければ，子どもの短所も受け入れ難くなります。だから支援する大人は，『自分は自分でいい』とほどほどに思えることが大切です。

　でも，いつもいつもポジティブな気持ちを持ち続けられるものでもありません。だから，あなたのことを認めてくれるサポーターを見つけましょう。

　あなたのサポーターは誰ですか？　友達？　先輩？　親御さん？　旦那さん？　それとも自分の子どもでしょうか？　それが誰であっても，たった1人であっても，あなたをサポートしてくれる人が，あなたを受け入れてくれるように，あなたもあなたを受け入れてあげましょう。短所は長所の裏返し。失敗したら次に頑張ればいいのです。短所があっても，あなたは頑張っています。短所があっても，あなたは努力しています。そんな自分をほめてあげましょう。そして時には思いっきりご褒美をあげましょう。

まとめ

　支援する大人が，キレる子どもに関わるときに求められる心構えは以下の7つです。

1. "問題行動"は子どもからのSOSと考える
2. 『自分は大事にされている』と感じてもらう
3. 依存欲求を満たすことを目指さない
4. 1人で抱えようとしない
5. "性格"ではなく"発達特性"とみなす
6. 『どんなことがあっても見捨てない』という覚悟を決める
7. 支援する大人も自分をほめる

　次の章では，キレる子どもに対する具体的な支援について解説します。

ただ，最初に述べたように，こうした心構えなしに，単にノウハウだけを
覚えても子どもには響きません。それは，例えればメッキのようなもので，
いつかは剥がれてしまいます。支援する大人は自分のこころの中にしっか
りとした覚悟を作り上げましょう。

引 用 文 献

1) Melvin Lewis：Attachment behavior. In Jerry M. Wiener and Mina K. Dulcan（eds.）.
Textbook of child and adolescent psychiatry.（齊藤万比古，生地新監訳：児童青年精
神医学大事典．p.25-27，西村書店，東京，2012.）

2) J. ボウルビィ著，黒田 実郎，大羽 蓁，岡田洋子，黒田聖一訳：母子関係の理論（1）愛
着行動．岩崎学術出版，東京，1991.

第3章 キレる子どもへの支援

　この章では，キレる子どもに対する心構えを踏まえて，支援の具体的な内容をお話しします。児童期（幼児～小学生）を念頭に置いていますが，思春期（中学生）でも基本は同じです（思春期については第5章で詳しく述べます）。まず，子どもがキレた時の枠付けと，それを可能にする構造についてお話しします。次に子どもがキレていない時の支援としての，気持ちの共有と怒りのコントロールを，そして，一番大切な自尊心を高める方策について解説します（**図3-1**）。

1. キレる子どもに対して枠付けを行う

　キレる子どもに向き合う時，暴力や反抗に対峙する場面は避けられません。なぜなら，我々支援者の前に現れる時には，彼らはキレることで問題を解決する方法をマスターしきっているからです。平穏な時にはどんなにおとなしそうに見えても，追いつめられれば必ず暴力や反抗という手段に訴えてきます。

　暴力や反抗に対しては，適切な枠付けが必要です。急にキレる場合もあります。そのときにあわてないよう，あらかじめ準備をしておきましょう。

（1）暴れている子どもへの危機介入
① 暴力，破壊的な行動には即時介入する

　暴力や器物破損が行われている場合には即刻，介入しましょう。普段，暴力に慣れていないと，あっけにとられたり，見過ごすこともありますが，

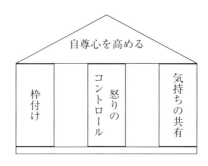

図 3-1　キレる子どもへの支援

それでは周りの子どもは守れません。子どもの動きは機敏です。隠れて行われる暴力もあります。キレる子どもに対応する時には，子どもから目を離さないようにしましょう。

② 低刺激で対応し，からだを寄せて静かに制止する

暴力に対峙するときには，大人でも緊張し興奮するものです。無論，暴力を振るっている子どもも緊張し興奮しています。そんなとき，その子に「何やってるんだ！」と怒鳴ったら，どうなるでしょう？　驚いて，一層，気持ちが昂ぶるでしょう。虐待的養育を受けた子どもは，過去の経験がフラッシュバックしてパニックになるかもしれません。

こういうときは"脳がハイジャックされている"のです。あなたが乗った飛行機がハイジャクされた場面を想像してみてください。あなたは拳を振り上げて犯人に向かっていきますか？　そうではないでしょう。同じように，子どもがキレたら，相手を刺激しないよう，できるだけ落ち着いて穏やかな声で話しかけましょう。下手に出るのではありません。その子を落ち着かせるのです。それでも興奮が収まらないようなら，複数の大人が，からだを寄せて静かに静止しましょう。

発達障害の子どもは触覚過敏があることが多いものです。触ることで興奮が激しくなる場合は，つかず離れずの距離を保ちながら見守りましょう。

> クールダウンとは……
>
> 熱・怒りを冷ますこと
> 冷静になること

> タイムアウトとは……
>
> 試合の休止時間のこと
> 一時中止という意味

図 3-2　クールダウンとタイムアウト

③ その場から離す

　一般的なアンガーマネージメントの本では，怒っている子どもに対して「深呼吸する」とか，「10 数える」というコントロール法が提案されていることが多いと思います。しかし，興奮しているさなかの子どもに「深呼吸して」とか，「10 数えて」と提案して，実行してもらうのは難しいものです。私が長年，観てきたところでは，まずは子どもをその場から離すことが効果的です。

　これを"タイムアウト"といいます（**図 3-2**）。

　タイムアウトとは，バスケットの試合などで使われる，"一時中止"という意味です。どうしても自分でクールダウンできなければ，強制的に静かな場所に連れていきます。1 人で連れて行けないほど興奮していたら，2 人で対応します。女性だけで難しければ，男性を呼びましょう。部屋に連れて行ったら，その子どもによっても違いますが，15 〜 30 分はその部屋で過ごします。

　タイムアウトに使う場所（空き部屋や相談室など）はあらかじめ決めておきましょう。

④ なかなか収まらない／止められない場合には，ほかの子どもを別の部屋に連れて行くか，大人がその場を離れ，陰から見守る

　そうは言っても，その場を離れられない子どももいます。構造的に，連れていける部屋がない施設もあるでしょう。そういう場合には，無駄な押し問答をするのではなく，ほかの子どもを別の部屋に移して安全を確保しましょう。大人もラチが明かなければその場から立ち去りましょう。アピールする相手がいなければ，物にあたることはあるものの，子どもの気持ちは自然に収まってきます。

⑤ 深呼吸をさせる

　トラブルになった場所を離れたら，はじめて深呼吸をさせます。

　深呼吸をするときには，ゆっくりと深く息を吸い込みます。頭の中で5つ数えます。お腹と肺が空気で一杯になります。息を吸ったときに，お腹が突き出るのが見えます。それから，もっとゆっくり空気を吐き出します。もう一度5まで数えます。空気をゆっくり吐き出すと，お腹が引っ込むのがわかります。これを3回繰り返しましょう。深呼吸をしたら，クールダウンに移ります。

　深呼吸は，落ち着いているときに子どもと練習しておきましょう。

(2) 暴れそうな子どもへの危機介入（図3-3）

　暴れてはいないものの，興奮状態となり，放っておくと暴力に至りそうな子どもが目の前にいる！　そういうときはどう対応したらいいでしょうか？

　まず，大人が声のトーンを落として，「だいぶ頭にきているみたいだね」「ちょっと落ち着いた方がいいね」など『自分が興奮している』と気づけるための声かけを行います。そういう声かけもままならないときは，気を

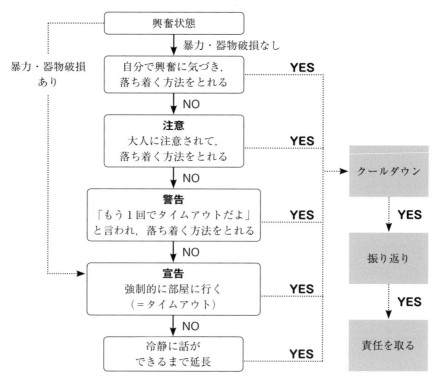

図 3-3　興奮状態への介入の流れ

そらすために違う話題を振ってみます。事前に話し合っておき、自分で落ち着けると言っていた方法があれば、それを促してもいいでしょう。興奮状態になった相手が大人の場合は、対応する人間を交代してみましょう。医療機関にかかり、興奮したとき用の頓服を処方されていれば、内服を勧めることもできます。

　こうした働きかけや注意を3回繰り返しても、興奮状態が収まらないなら、警告を発します。

　「今のキミはどうしても落ち着けないようだね。これで収まらないなら、○○の部屋（例：相談室）に行こう」と伝えます。発達障害の子どもにはイエローカードを使って2枚たまったらタイムアウトという使い方もでき

表 3-1　とりあえず子どもがクールダウンできる７つの方法

・水を飲む
・ほかの人に話を聴いてもらう
・身体を動かす
・絵を描く
・本を読む
・音楽を聴く
・（処方されていれば）頓服薬を内服する

ます。

　この流れのポイントはなるべく，自分でクールダウンに持っていくことです。警告までの段階で，不適切な行動を止め，クールダウンに入れればOKです。クールダウンできたらほめてあげましょう。クールダウンする方法はあらかじめ相談しておきます。

　逆に，どうしてもクールダウンに持ち込めなければタイムアウトをとります。その後の流れは前項と同じです。

(3) クールダウン

　クールダウンの態勢に入ったとしても，興奮冷めやらぬ時に，すぐ「何があったの？」とは聞かない方が無難です。冷静に話ができるようになるまで，頭とこころを冷やします。これには十分時間をかけることが必要です。この際，一緒にいた方がいいのか，1人にさせた方がいいのかと迷うことがあるかもしれません。このときは「一緒にいた方がいい？1人の方がいい？」と，率直に本人に聞いた方がいいでしょう。

　とりあえずクールダウンできる方法を**表 3-1**に示しました。これ以外にも，子どもが希望するもので，学校／施設的に許容できる方法があれば取り入れることもできます。

（4）振り返り

クールダウンできたと判断したら，あまり時間を空けずに振り返りを行いましょう。振り返れるかどうかの判断も，直接本人に「今は落ち着いて話ができる？」と聞き，本人がうなずけるようなら OK です。

振り返りは，行動を反省させるためでなく，背景にある気持ちを汲み取るために行います。暴言や反抗は"行動に表れている気持ち"であり，子ども自身，暴言暴力を振るう自分を，本当はいやだと思っていることを忘れずに。

もともと悪意のある子などいないのです。なぜキレたのか？ その子にとっての不当性はなにか？ 故意性と感じた理由があるか？ ゆっくりと時間をかけて，子どもの言い分に耳を傾けます。この年代の子ども，特に男の子の場合，饒舌に気持ちを語るということはあまりないので，足りない言葉を補いながら，気持ちを感じ取りましょう。

語られる言葉が大人からすると自分勝手な理屈だとしても，子どもの言葉を否定しないことが大切です。「相手がいきなり殴ってきたと思ったから，君もカーッとなったんだね」というように，You-message を用いれば，自分中心の考えを否定することなく子どもの気持ちを受け止めることができるのでお勧めです。

『そうすると子どもの思い込みを助長しないか？』と思われるかもしれませんが，『この人は話を聴いてくれる』『この人の言うことは自分も聞こう』という関係を築くまでは，むやみに突っ込まない方が無難です。

子どもが何も語らない場合は無理に聞き出さず，「今は話せないようだから，○分後に（あるいは明日）話そう」などと間を置いて，子どもからの発信を待ちます。

◘ コラム3-1　I-messageと You-message

　I-messege とは「私」を主語にして自分自身の思いを伝えることです。相手の行動変容を望む際に，自分を主語にして自分自身の思い（感情）を伝えます。自分の思いですから，相手はそれを否定できません。それについて相手に考えさせ，どうするかの責任は相手自身に委ねます。

　「あなた」を主語にすると相手の反発を強く招きますが，「私」を主語にすると子どもの変容を促すためには効果的です。例えば，「そういう言い方をして，あなたはどういうつもり？」と言われたら，上から目線で非難されたと思うでしょう。一方，「そういう言い方をされると私は嫌な気持ちになるよ」と伝えると，相手は反論できず，『じゃあ，自分はどうしたらいいんだろう』という思考になる，というわけです。

　そう言うと，You-message は良くないのか？　というと，そんなことはありません。

　例えば，客観的な事実がわからなかったり，それを明確にせずに相手の気持ちに寄り添うときには効果的です。「〇〇くんがにらんできた」と主張する子どもに，「〇〇くんがにらむなんて，私はおかしいと思う」などと言ったら，その子は二度と思いを伝えてこなくなるでしょう。「〇〇くんがにらんできたと思ったから，君は嫌なんだね」というように，You-message を用いて，子どもの気持ちを受け止めましょう。

(5) 責任を取らせる

　人に暴力を加える，物を壊すのは，大人なら犯罪行為です。振り返りが終わった後で，暴力を振るった人に謝る，物を壊したなら片付ける，などは最低限必要です。大人の気持ちに迷いがあると，反抗的な子どもに媚びる心が生じて「これからはしないように」だけで済ませてし

まうことがありますが，それは教育的ではありません。こうした子どもは，いつも力関係を見ていますから，そこで大人が引くと自分が優位に立った

と思ってしまいます。

　暴力が度重なったときには，さらに罰を加える必要があるかもしれません。本人にとって取り上げられたくない楽しみを取り去るなど，『ああ，しまった！　もう暴力は振るわないでおこう』と思える罰が必要です。

　ただし，その場で罰を決めると，消えかかった怒りの炎が再燃する可能性があります。あらかじめどんな行動に対して，何を罰として加えるのかは，子どもと話し合って決めておきましょう。子どもが文句を言っても，やり通させることが重要です。屈強な男性がいないとやり通せないような罰では，子どもに逃げ道を与えてしまいます。罰は淡々と行い，それが済んだら水に流しましょう。責任を取ったら，もともと出ていた授業や作業に戻します。

　もちろん体罰は御法度です。また，罰は繰り返されると効果がなくなります。「抜くぞ，抜くぞ」と見せかけて抜かない"伝家の宝刀"のような使い方をしたいものです。そして，「罰にならないためにはどうしたらいいか」を，子どもと話し合いましょう。

〈シーン4　子どもに責任を取らせる　陽菜　9歳／小学4年〉

　陽菜さんは幼少期から養護施設に入所している女児です。ある日の夕方，自室から「ドシンッ」「ガタンッ」などという大きな音が，リビングまで聞こえてきました。職員が駆けつけると，ベッドの梯子は床に転がり，机の椅子は倒れていました。窓辺に置いてあったぬいぐるみも散乱しています。職員が理由を聞いても話したくないと言うので，深呼吸をさせ，「いったん，部屋で好きな音楽を聴いて気持ちを落ち着けてごらん。30分したら話を聞くよ」と伝えました。30分程たって職員が部屋に行き，「話せるかい？」と聞くとうなずいたので振り返りました。

　暴れた原因は，同室の子が親から贈られたかわいいシャープペンを自慢したのが嫌だったとのことでした。「あなたは自慢されて嫌だったんだね」と気持ちを受け止めた上で，「先生は，物や人に当たる行動は見ていて不

快になるな」と伝えました。陽菜さんは,「イライラして物に当たることをなくしたいんだけど,うまく気持ちをコントロールできないんだよ」と言います。職員が「イライラした時には先生に話をしにおいで」と言うと,表情が少し明るくなりました。

　職員は促して一緒に部屋を片付けました。

> **◘ コラム3-2　どうしても振り返りができない子ども**
>
> 　どうしても振り返りができない子どももいます。虐待された体験が根深く,大人と向き合うと脅威を感じてしまう場合が多いようです。追いつめると,逃げる子もいれば,向かってくる子もいます。
>
> 　いずれにしても,そうした子どもに振り返りを強要することはできません。今はその段階ではないのです。次章で述べるように,今はその子どもの気持ちに寄り添い,信頼関係を築くことに専念しましょう。
>
> 　もちろん,行動は肯定できません。返事が帰ってこないことを承知の上で,「物を投げたのはいけないよ」などと,不適切な行動は冷静に伝えましょう。また,その子なりに努力している点や進歩している点を見つけて,ほめてあげましょう。「まずいと思っているんだよね？」という問いかけにわずかにうなずいたとか,次の日なら謝ったとか,ちょっとしたプラスポイントを見出すようにしてください。そして,次に介入できるチャンスを待ちましょう。

(6) 暴力に対するルールを決める

　暴力は止めなければなりません。振り返りや責任を取らせた後で,子どもに「あなたも周りの子どもも守る必要がある」ことを伝えて,"暴力や器物破損などの不適切な行動は認めない"というルールを決めましょう。その話し合いには子どもを参加させ,自分の意見が尊重されているという実感を与えましょう。

　これをその日に行うのか,翌日以降に行うの

かは,その子どもによっても違います。その子の状態によっても違います。その子の準備ができていると判断できれば,当日決めてしまいたいものです。しかし思い出すことによって,怒りの炎が再燃しそうなら,翌日行いましょう。翌日行う旨は,当日伝えておきます。

　ルールや罰則は紙に書いて貼っておきましょう。特に,発達障害の子どもは特性を考慮して視覚に訴えかける工夫が必須です。また,ルールを守ったらほめることを忘れないようにしましょう。逆にルールは決めてあったのに暴力が振るわれたのであれば,どうしたら暴力に至らずに済むかを再度子どもと話し合いましょう。

〈シーン5　ルールを決めトークン（ごほうび）を用いた例　悠真　8歳／小学3年〉

　悠真くんは小学3年生の男児です。病院ではADHD, ASDと診断されています。衝動性が高く,気に入らないことがあるとカッとなって暴力を振るうことが続いていました。そこで,支援学級の担任の先生は悠真くんと話し合いました。

　まず,目標を決めました。「こころもからだも傷つけない」「3年生のうちに暴力を無くす」ということが悠真くんから提案されました。先生はOKして,教室にそれらを紙に書いて貼りました。

　次に,ポイント制レベルアップの方法を決めました。

　1.　相手が「嫌だ」と感じることは1日3回まで。但し,正しい行動をやり直せたらノーカウント。1日3回以内ならシールを貼る。

　2.　暴力,物を壊すなど,重大で取り返しがつかないことをした時にはノーカウントにならない。

　3.　10枚シールが貯まったら悠真くんの好きなサッカーを一緒にやり,レベルアップする。

　「嫌だ」と感じることに関しては,行動がエスカレートする前に本人に伝えることで,ブレーキがかかるようになりました。やり直しをさせて,

正しい行動をすればノーカウントとすることで，望ましい言動を考えさせるよいトレーニングにもなりました。

10日ごとにサッカーができ，レベルアップ！「嫌」と思わせる行動の限度は，3回→2回→1回と減らしていくことができました。

最終的には，嫌がらせや暴力はなくなりました。

◘ コラム3-3　登校停止について

あまりにも暴力や器物破損が繰り返されたり，全く指導に従わずにほかの子どもに重大な影響（ケガをする，不登校になるなど）が出ている場合，登校停止が検討されます。例え暴力を振るう子どもであっても，教育を受ける権利はあるわけですが，それによって，ほかの子どもの教育を受ける権利が侵害されるのであれば，暴力を振るう子どもの権利を優先させる道理はありません。「あらゆる罰は教育的でない」と考える先生もいらっしゃるようですが，木を見て森を見ない対応だと，結局，暴力を振るわれる弱い立場の子どもは涙を呑むしかなくなってしまうと思います。

但し，実際に行うには親子と十分話し合い，了承を得る必要があります。

（7）暴言への対応

暴力が収まっても暴言は続きます。子どもは暴言を吐くことで，こちらの出方を見ているようなところもあります。ですので，暴言を吐かれても，それを修正せずに対応することは，暴言を許容することになります。逆に，暴言に対して感情的に対応すると，子どものペースに巻き込まれてしまいます。

暴言が見られたときは，冷静に言い直しをさせ，言い直したら応答します。ただし，あまりにも暴言が多い場合には，毎回注意すると逆に刺激になることもあるので，

適度に無視します。

　以上のやり取りには，I-messege を使いましょう。

　横柄な態度やしつこい態度，「うるさい」「うざい」など言い返してくる
場合には，「先生はその言葉が嫌なので，もうこれ以上は話しません」と，
対応をいったん区切ります。そして子どもが受け入れられる態度や言葉で
話ができたら応答します。

　キレる子どもは，若い人，優しい人には反発してくることも多いので注
意が必要です。何しろ，初めが肝心です。毅然とした態度を一貫して取り
ましょう。反応しないことも1つの手段です。

　子ども同士の暴言については，子ども同士の関係が構築されていない状
態なら「そういう言い方だと○○くんも嫌だろうし，聞いてる自分も不快
になるなあ」などと大人が介入します。関係がある程度できた後は，対す
る子どもが自ら押し返す練習も必要です。

◪ コラム3-4　「死ね」という言葉について

　「死ね」と言われたとき，なんと返しますか？

　「そんな言葉は使ってはいけません」「死ねと言われたらどんな気持ちがするか
考えてみなさい」というような指導が一般的なように思われます。しかし，その
言葉には効果がありますか？　ゲームばかりやっている今どきの子どもにとって，
「殺す」「死ぬ」はとても身近な単語です。そのくらい怒っているという意味です。
額面通り受け取る必要はありません。

　その場は無視をして，あとの振り返りでは「あなたは，そのくらい怒っていた
んだね」と返すのが定番です。あるいは，がっぷり四つに組まないという手もあ
ります。「死ねと言われて死ぬバカいない」「(武田鉄矢風に)僕は死にまっしぇん」，
などなど（ただし，これが使えるのはある程度，信頼関係ができてからです）。

　「死んでいい人はいません」と真顔で言うのも，その子へのメッセージにもな
るので，良いと思います。

2. 枠付けするための構造

　枠付けを可能にするためには，その構造を考えなければいけません。けれども，今までこのことはあまり語られていないように思われます。暴力に対峙したり，ものが飛び交うことが避けられない状況です。どうやって子どもと支援する大人自身を守る構造を築くのか，を考えることは重要です。

　構造として考えるべきは，環境，人員，連携の3つです。

（1）環境

　キレる子どもをどのような環境で支援するのが良いでしょうか。

　学校でまず考えるべきは，その子どもを通常級で観ていくのか，特別支援学級で指導するのか，あるいは個別指導を行うのかという問題です。

　もちろん，反抗や暴力があるから支援学級に入級できるというわけではなく，主には学習進度や発達障害の有無が主たる判断基準でしょう。しかし，在籍に関わらず，普段どの教室を拠点にするかは学校の裁量です。反抗や暴力をコントロールするという視点からも，居場所は重要な問題です。

　一般には，大勢の子どもの中にいる方が暴力や反抗は生じにくいものですが，学習進度や発達特性のためにクラスで浮いてしまうことが暴力や反抗につながっているのであれば，支援学級で過ごす必要があるでしょう。また，支援学級でも興奮や暴力がコントロール出来ず，ほかの子どもの安全も守れないということであれば，個別指導を余儀なくされます。

　担当する教員との相性も居場所を考慮する大きな要因です。学習のためには通常級が適しているが，担任との相性を考えると支援学級が望ましい，ということなら，少なくとも暴力がコントロールできるようになるまでは，支援学級で指導することをお勧めします。

　どの学級を居場所にするにしても，興奮したり，パニックになったとき

に，クールダウンできる場所とタイムアウトがとれる場所は必要です。もちろん，これは福祉施設でも同じです。

クールダウンさせるには，刺激の少ない静かな場所が必要となります。教室の隅や後ろの方にパーテーションなどで囲いをしてスペースを作るのが一般的です。ダンボールなどで自分でクールダウンスペースを作る子もいます。

タイムアウトさせるには，多少暴れてもいいような，刺激の少ない閉鎖的な小空間が適当です。物が置かれていると投げたり壊したりするので，物は置かない方が賢明です。

(2) 人員

次に学校で考慮すべき点は，誰が対応するかということです。

ASD を伴うキレる子どもの場合，特別支援学級に在籍することが多くなります。そして，通常，支援学級の担任は1人ないし，1人＋支援員であることが多いと思われます。しかし，特に女性の場合，キレた子どもに1人で対応することは困難です。また，通常級であってもクラス内にキレる子どもが2，3人いると，担任1人では対応が難しいという意見も聞かれます。

これに対しては，非常勤講師，短時間勤務の教員や，補助的な支援員の採用など，学校全体で，キレる子どもを支援する大人を増やす必要があります。昨今，学校を取り巻く経済状況は厳しいものがありますが，この点については市町村の教育委員会の理解が望まれます。

(3) 連携

それでも人員は増えないのが昨今の現状でしょう。そうなると，必要なのは，受け持つ担任・担当者を支援する連携システムです。学校であれば校内の連携，学校間の連携，そしてほかの機関との連携が考えられます。

まず，学校内の教員全体の理解の促進と支援体制の構築が望まれます。

子どもがキレた時に誰がどうやって応援に駆けつけるのか，あらかじめ決めておく必要があります。また，危機介入だけでなく，平時においても巡回したり，チームを組んで役割分担することが大切です。通常級の先生を特別支援学級の先生が支援するというパターンもあると思います。校内の連携がうまく機能するかどうかは，校長や教頭などの管理職の理解が重要です。

　「同じ市町村で中学からの適切な助言や具体的な支援協力をいただいていることがありがたい」という小学校の先生の話を聞いたことがあります。校内の支援スタッフが限られている中では，小中連携の視点も必要です。時間が余っているという教師はいないと思いますが，お互いに相補的な関係があれば，精神的にも心強いものです。

　養護施設の場合，施設間の連携はなかなか難しいでしょう。となれば，施設内の職員間での連携ということになろうかと思います。しかし，どこの施設でも，みな忙しい勤務をしていると思いますから，頼れるのは管理職でしょうか？　なにしろ，皆で工夫して危機介入時のサポート体制を作りたいものです。

　ただし前章でも述べたように，支援者が増えると支援者同士の関係を客観視する必要があります。これを当事者の2人だけで行うことはとても難しいことです。ほかにも，現場にいる支援者は迷いの中にいます。感じる困難を，あまり時間が経過しないうちに共有したり，助言をもらったりする場が必要です。

　学校で考えられるのはスクールカウンセラーとの連携です。それに加えて，特別支援学校の巡回相談員，都道府県の設置する教育センターの専門職，福祉・医療機関の専門家などから，指導や助言が受けられるような体制を構築したいものです。

　養護施設なら，支援者同士が集まって定期的なカンファレンスを開くのはどうでしょうか？　そうした場は，支援の仕事をしている者しかわから

ない交流の機会にもなります。辛い思いをしているのは自分だけではないと感じられるだけでも，カンファレンスの意義は十分にあると思います。

3. キレる子どもの気持ちを共有する

　キレる子どもとは，キレることによって自分の気持ちを表現してきた子どもです。暴言や暴力を止めると同時に，しっかり子どもの気持ちを受け止めましょう。そうでないと行き場を失った気持ちが別の形であふれることになるか，もとのキレる手段に戻ってしまうでしょう。

　キレる子どもの支援は，キレていない時の支援の方が重要なのです。

（1）緩やかに子どもとの信頼関係を築く

　キレる子どもがキレていない時に築きたいのが，子どもとの信頼関係です。特に，学期初めなど，お互いに関係が深くない，信頼関係が築けていない段階では，その子どもの好きなこと，楽しいことを中心に時間と気持ちを共有します。その中で，その子の良い点や行いを見つけて，積極的にほめていきます。ほめ方としては，「いい子だね」とざっくりほめるのではなく，「そんな風にやさしく言われると，先生うれしいよ」「手伝ってくれてありがとう」とほめている行動を明確にした上で，I-messsage で気持ちを伝えましょう。

　また，もし自分の対応に良くない点があり，それを子どもに指摘されたら，素直に「ごめんなさい」と言いましょう。子どもは自分の非をきちんと認める大人を信頼するものです。

(2) 子どもの話を聞く

　信頼関係を築くために，担当／担任は子どもと1対1で話をする時間を作りましょう。信頼関係を築くまでは1日の終わりに，信頼関係が築けて問題が減ってきたら1週間の終わりに子どもと話をする，くらいのペースでしょうか。

　それ以外にも子どもが話しかけてきたら時間を取りましょう。それは，大人からすると取るに足らない話題かもしれませんし，いつも同じような話ばかりしているかもしれません。それでも子どもが嬉々として話す言葉には耳を傾けましょう。忙しい時には「今は忙しいから，あとで時間をとるね」と伝え，手が空いたら話を聞いてあげましょう。子どもは自分が興味を持っていることに興味を持ってくれる人のことは受け入れます。

　こうした対応を取ろうとするとき，子どもの世界のことすべてに精通していれば言うことはありませんが，そんな大人は少ないでしょう。
　ではどうすればいいのでしょうか？
　子どものことは子どもに教えてもらえばいいのです。アニメ，好きな音楽，スポーツ……など，何でも構いません。子どもの説明をふんふんと聞いて，わからないことは質問します。ネットでも検索して研究しましょう。子どもと仲良くなるのが得意なうちの病棟の看護師は，「その子どもの世界観に徹底的に合わせるのがコツ」だと言っています。

　ただ，はじめからグイグイ入っていこうとすると，子どもは警戒します。この作業はあまりわざとらしくなってもいけません。初めはつかず離れずのほどよい距離を保ちながら，徐々に仲良くなる，くらいの感覚が良いのではないでしょうか。

第 3 章　キレる子どもへの支援　　47

（3）時間を共有する

　子どもが落ち着いているときは安心して放っておき，子どもと関わるのは叱るときだけ，になっていませんか？　そうなると子どもは，大人の注目を引くために問題を起こします。そうならないためにも，また子どもとの関係を築くためにも，何気ない時間を分かち合うことが有効です。

　そのために，シェアタイムを設定することができます。シェアタイムとは，大人が子どもと一緒に楽しむ時間です。うちの病棟では毎日行っていますが，学校や施設では，大人の仕事と気持ちにゆとりのある時間を，週1回でも2回でも，1回15分〜30分でいいので確保しましょう。基本的には1対1で行いますが，状況によってはグループで行うこともできます。ボードゲーム，お絵描きや手芸など，子どもが望むことを子どもに選ばせます。テレビゲームのように，2人で画面に向き合うような遊びは適していません。

　シェアタイムでは子どもに主導権を与えます。いいなと思う発言やよくできた時は，その行動を具体的にほめましょう。指示や命令，批判や否定的なコメント，教育的な指導は避けます。一緒に楽しむ上で望ましくない行動はあらかじめ本人に伝えておき，そのような行動をとったら注目を取り去ります。暴言暴力が出たら，シェアタイムは中止することも約束しておきます。

　学校の通常学級では，シェアタイムを作ることは難しいかもしれません。その場合には学級活動の中で，特に問題を起こす子どもと先生がペアを組んだり，アドバイス役になることで時間を共有しましょう。

（4）子どもの言葉を否定しない

　暴言や暴力ばかりでなく，子どもは良くない行動をとるものです。意地悪を言う，悪戯をする，誰かを仲間外れにする……。そうした行動には淡々と対応し，対応が済んだらその時の考えを聞きましょう。何が不満だったのか？　どんな言動に反応したのか？　子どもの言い分に穏やかに耳を傾

けましょう。語られる理屈が大人からすると自分勝手なこともあるでしょう。それでも子どもの言葉を否定しないことが重要です。「君は○○だと思うんだね」と You-message を用いて，子どもの考えを率直に受け止めましょう。

　喜怒哀楽すべてが，その子の大切な感情です。嬉々として話しているときには「楽しいね」と気持ちも受け止めやすいですが，怒っていると「そんなことで怒るなよ」などと否定することが多いのではないでしょうか？　でも，怒りの感情であっても大切にしてあげてください。怒りが度をこして爆発することが困るのです。後述するように，それには適切な表出方法を教えましょう。

(5) 気持ちを"共有"する

　傷ついたこころを癒すには，気持ちにしっかりと寄り添うことが何よりも大切です。これについて，心理の先生からは「気持ちに共感しましょう」と助言されることが多いと思います。

　共感とは「2人の人物の間で一方が体験している感情と同一の感情を体験すること，感情的な共振れをすること」です[1]。しかし，例えば，親に虐げられた子どもが親を憎む気持ちを，そうした経験のない人間が同じように感じることができるでしょうか？　例えば，「親を殺したい」と言われたときに，同じような体験をしていないのに，「殺したい気持ち，わかるよ」と言うと嘘になってしまいませんか？　少なくとも私には，推測することはできても

第 3 章　キレる子どもへの支援　　49

感じることはできません。

　だから私は，気持ちを共有することにしています。「あなたは，親を殺したいほど憎んでいるんだね」と返します。共感するのではなく，共有しようと思ったほうが，支援する大人も楽に接することができると思います。

　振り返りの場面だけでなく，子どもがふとした瞬間に漏らす些細な本音には敏感でありたいものです。「家に帰りたくねえな」「私なんか生まれてこないほうが良かったんだ」。そのような発言を耳にしたら「あなたは家に帰りたくないんだね」「君は生まれてこなかったほうがいいと思うんだ」と共有した後で，「どうしてそう思うの？」と尋ねてみてください。ほとんどの子どもは初めのうちはあまり多くを語りません。「別に」「わからない」と言うのが普通です。あからさまに反抗的な子は「うるせえ」「関係ねえだろう」と言うかもしれません。逆に発達障害の子は素直さを持ち合わせているので，意外と早く思いの丈を語ってくれるかもしれません。

　子どもが何も語らない場合は無理に聞き出さず，子どもからの発信を待ちます。「ありがとう。今日は気持ちを話してくれて，先生，嬉しいよ」などと，自分の感情を言葉にして伝えることも大切です。なかなか言葉に出来ない子どもとは，日記や手紙を利用してもいいと思います。

　こうした気持ちの共有を繰り返すことによって，子どものこころに少しずつ近づくことができるのです。その繰り返しが大切です。

◘ コラム3-5　困った言動に対する返し方あれこれ

1.　「死にたい」

　これは額面通り受け止めて大騒ぎする必要はないことが多い言葉です。要はそのくらい辛いということ。ストレートに「あなたはそのくらい辛いんだね」と返すのが定番でしょう。その子を肯定するためにも「そんな

に辛い気持ちを話してくれてありがとう」と加えます。

2. 言い訳したり，嘘をつく子

　怒られまいとあの手この手で言い訳をする子がいます。怒られないために，嘘をつく子もいます。そうなると，何が本当で何が本当でないかわからなくなることもしばしばです。「嘘はいけません」と言おうものなら，「どうして嘘だって決めつけるの？」「大人はいつも私の言うことを信じてくれない」と逆に責められてしまいます。

　明らかな証拠がない限り嘘だと断定するのは避けた方が無難です。「君の言う通りだと，誰もいない教室でお金が無くなったことになるけど，不思議なこともあるものだね」などと不思議さを強調したり，「君の言うことは信じがたいけど，君は信じて欲しいんだね」と気持ちを受け止めましょう。嘘をつく子は多かれ少なかれ後ろめたさがあるので，こうした言葉には反論しないものです。

　そして，正直に話したときに，それをほめ，「正直に話してくれてありがとう」と伝えます。また，正直さにご褒美を与えましょう。例えば，お金を盗ったことを正直に話して返したとしたら，そのことは罰しない，というように。

3. 自分のことを棚に上げて人を責める子

　例えば，自分は勝つためにはルールを破るのに，ほかの子がルール違反すると声高に不正を訴える子がいます。これを「君もこの間は……」と始めると，言い争いになってしまいます。特に発達障害の子にとっては，過去のことは，まったく終わったことです。それを蒸し返されるだけでキレる場合もあります。ここは一般化して伝えましょう。例えば，ルール違反を指摘する子がいたら，その子へのメッセージも含めて「そうだね。自分勝手な行動はみんなの迷惑になるね」と返しましょう。

4. 怒りをコントロールする

（1）子どもに怒りの対処法を教える

　子どもが落ち着いている時に怒りへの対処法を教えることができます。小学生までの子どもであれば，怒りを外在化（自分の内にあるものを外に

ある，あるいは外から来たものとして客観視すること）して"怒りんぼ虫"と名づけ，「怒りんぼ虫が出てきた時に，どう退治するか練習しよう」という形で，練習に導入します（中学生は第5章参照）。

私がお勧めする手順は次のようなものです。

① 深呼吸をする

腹式呼吸でゆっくり息を吸って大きく吐きましょう。吸うときと吐くときに1から5まで数えます。回数は3回程度です。

② 怒りを沈める呪文を唱える（セルフトーク）

これは冷静な時に子どもと話し合って決めておきます。「これから怒りを鎮める呪文を君に授けよう」と，ハリーポッターのダンブルドア校長を気取って教えてもいいかもしれません。

　例：「エクスペリアームス（武器よ去れ）」
　　　「キレない方がクールだ」
　　　「なんくるないさー（どうってことないさという意味の沖縄の方言）」
　　　などなど

③ その場を離れる

それでも怒りが収まらないなら，その場を離れましょう。空き教室や，支援学級に後ろに作ったパーテーションの奥など，行く場所はあらかじめ決めておきます。

④ クールダウンする

その場を離れたところで，その子の望む好きなことをして，気分を切

表3-2　子どもがクールダウンする12の方法

・水を飲む
・ほかの人に話を聴いてもらう
・身体を動かす
・絵を描く
・本を読む
・音楽を聴く

（以下は可能な状況なら実施）
・ジュースやお茶を飲む
・好きなものを食べる
・ゲームをする
・TV・好きな動画を観る
・大声で叫ぶ
・メール／ラインする

（医療機関を受診して医師から指示が出ている場合には，頓服薬を服用することもできます）

り替えます（**表3-2**）。本を読む，絵を描くなど，その子が落ち着けるアイテムは，あらかじめ見つけて決めておきます。学校でできることは限られていますが，施設やフリースクールなどでは，ゲームなど家でできるような手段も利用可能でしょう。それが許される場であれば，お茶を飲んだり，何か美味しいものを食べてもいいですね。

　もちろん，その子どもにあった方法で実行可能なものがあれば採用しましょう。

⑤ ガンバリ表を活用する

　怒りをコントロールできたかどうか，「ガンバリ表」を活用することができます。ガンバリ表とは，目標を設定し，それを毎日確認して丸をつけたりシールを貼ったりしていくものです（正式にはトークンエコノミーという行動療法の手法）。「ガンバリ表」によって子どもは自分の頑張りをいつでも何度でも確認できます。

　例えば，怒りんぼ虫が出てくる前に対処できたらシールを2枚，出てき

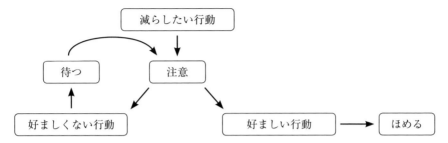

図 3-4　困った行動を怒らずに減らす方法：注目を取り去り，待って，ほめる

た後でも対処法が実行できたらシール 1 枚を貼ります。ポイントに応じてご褒美を設定します。シールを貼るときにほめることもお忘れなく。

(2) 困った行動を怒らずに減らす

　キレる子どもに「キレないように」と望んでおきながら，大人がキレていては説得力がありません。子どもは大人のまねをします。子どもに接する大人はキレない関わりを目指しましょう。それには，ペアレントトレーニング（ペアトレ）の考え方が有効です。ペアトレの考え方はユニバーサルデザインです。発達障害の子どもに限らず，すべての子どもに適用できます。

　困った行動を怒らずに減らすにはいくつかの方法があります。

① 注目を取り去り，待って，ほめる（図3-4）

　これは子どもが怒鳴る，ぐずる，癇癪を起こすなど，能動的な困った行動を止めさせるときに使います。

　例えば，子どもが怒鳴っているときは「普通の声で話しましょう」と注意します。それで，怒鳴るのを止めたらほめてあげ，会話を続けます。しかし止めない場合，「先生は怒鳴るのを止めるまで話しません」と宣言し，注目を取り去ります。

　コツとしては，以下の点が挙げられます。

表 3-3　子どもにしてほしくない行動と代わりにしてほしい行動

してほしくない行動	代わりにしてほしい行動
わめく	普通の声で話す
ものに当たる	怒りを言葉で表現する
不平を言う	静かに交渉する
かんしゃくをおこす	「だめ」と言うのを受け入れる
ふてくされる	どうしたいのかを言う

①子どもと視線を合わせない

②子どもに背を向ける

③無関心な表情

④何も言わず，そぶりも見せない（ため息をついたりもしない）

⑤何かほかのことをして自分の感情をコントロールする

　　例：スマホを見る，時計の秒針を見る……など

　注目を取り去っている間に，子どもがしてほしい行動を考えておき，適切な行動をとった場合には，すぐにほめてあげましょう。これができるようになると，子どもをほめる機会がグンと増えます（**表 3-3**）。

② ガンバリ表を活用する

　怒りのコントロールだけでなく，子どもの困った行動を怒らずに減らすためにもガンバリ表が活用できます。

　評価する行動は，子どもがほぼできる行動，時々する行動を2つずつ，正したい行動を1つ選びます。行動はスモールステップで設定し，ポイント表の8割の項目に○がつくのが理想的です。×はつけません。「100個○が溜まったらご褒美」というのでもOKですが，かなり根気のある子でないと達成は難しいものです。通常は1週間で評価し，6割以上ポイントがたまったら無理のないご褒美をあげましょう。学校や施設では，おもちゃや食べ物というわけにはいかないでしょうから，楽しい遊びを一緒に行う

第 3 章　キレる子どもへの支援　55

表 3-4　手順表を兼ねたガンバリ表の例

手順	行動	月曜	火曜	水曜	
1	机を後ろに下げる	○	◎	◎	
2	掃除道具を出す	◎	○	○	
3	ほうきで掃く		○		
4	雑巾をかける	○		○	
5	掃除道具をしまう		◎	○	
6	机を元に戻す	◎	○	◎	

などのご褒美が適しています。

　子どもがガンバリ表に興味を示さなくなったら課題を変えたり，ご褒美を変更しましょう。

〈シーン6　学校でガンバリ表を活用した　翔太　11歳／小学5年〉

　掃除の時間にまじめに掃除をしない翔太くんは，担任の先生に怒られるとふてくされて，さらに不真面目になっていました。そこで先生は，机を後ろに下げる，掃除道具を出す，ほうきで掃く，雑巾をかける，机を元に戻すなど，手順表を兼ねたガンバリ表を，翔太くんと一緒に作りました（**表3-4**）。そして自発的にできたら◎（2 ポイント），注意されてから行ったら○（1 ポイント）がゲットでき，ポイントが 30 個たまったら担任とバスケットができる，というルールを話し合って決めました。

　実際にやってみると，翔太くんはガンバリ表に記録するのを楽しみにして掃除をするようになり，担任も何度も声をかけたり，怒らずに済むようになりました。

③ ルールを決める

　困った行動が繰り返されるパターンが見通せたら，何事によらずルールを決めましょう。その際，「掃除をサボらない」という否定的な表現では

なく，「掃除を手順通りにやる」というように，具体的な行動を肯定的に表現しましょう。

　ルールの決定には本人を参加させます。子どもは自分で決めたことは意外と守るものですし，大人も怒らずに「自分で決めたルールだから守ろう」と言えます。子どもが決められない時は大人が「○○がいいと思うよ」と提案し，子どもに決定させます。ルールを守れなかったときにどうするかも，同様に話し合います。

　ルールを決めたら，紙に書いて目立つところに貼っておきます。ルールを決めたあと，子どもがそれを守ったときは，しっかりほめるのがコツです。

（3）大人も怒りをコントロールする

　私は子どもと向き合うとき，気持ちをぶつけあうことに大切な意味があると考えています。怒りも大切な感情のひとつ。それだけを抑えるのは不自然であるとともに，怒られるべき時に怒られないと，子どもは不安を感じたり，相手を軽んじたりします。よく「感情的に怒るのではなく，上手に叱りましょう」ということを耳にしますが，私にはそんな器用なことはできません。叱るときは感情的に怒っています。

　ただし，第1章で説明したように "怒る" と "キレる" は違います。「キレるな」という大人がキレていては示しがつきません。子どもが明らかに挑発してきている場合や，衝突が繰り返されるような場合に，真っ向勝負するだけでは対立が深まるばかりです。そういうときは大人も怒りをコントロールしましょう。

　その方法は，基本的に子どもの場合と同じです。
① 深呼吸をする
　腹式呼吸でゆっくり息を吸って大きく吐きましょう。回数はお好みで1〜5回。

第 3 章　キレる子どもへの支援　57

表 3-5　大人が落ち着く 12 の方法

- ・冷たい／温かいものを飲む
- ・好きなものを食べる
- ・タバコを吸う
- ・ほかの人に話を聴いてもらう
- ・メール／ラインする
- ・音楽を聴く
- ・歌を歌う／楽器を弾く
- ・雑誌を見る
- ・動画を見る
- ・TV を観る
- ・ゲームをする
- ・身体を動かす

大人だからいろいろできます。気持ちを切り替えるためには十分自分を甘やかしましょう。
もちろん，これ以外にも自分に合った方法があれば，試してみましょう。

② 自分に言い聞かす（セルフトーク）

　あからじめ，怒りを沈める呪文を決めておきましょう。

　例：「今は何を言っても無駄だ」「相手は子どもだ」「逃げるは恥だが役に立つ」などなど

③ その場を離れる

　それでもキレそうになったら，その場を離れましょう。何と言ってもこれが一番効果的です。

　「逃げるのか」などと言われても取り合いません。「これ以上キミといると，先生も自分をコントロール出来ないから」と明確に告げ，「○○（例：「気持ちが落ち着いたら」「1 時になったら」など）になったら戻る」と宣言して立ち去ります。どこに行くかはあらかじめ決めてきます。

④ 好きなことをする

　気持ちを切り替え，クールダウンできることをしましょう。何をすればいいかはあらかじめ見つけておきます（**表 3-5**）。

気持ちを切り替えられたら，先ほどのやり取りに戻った場合にどういう言い方をしたらいいか考えておきます。

⑤ 「〇〇になったら」話し合いを再開する

宣言していた「〇〇」になったら，子どものもとに戻ります。「今なら少し話せる？」と確認した上で，何が起こっていたのか，大人自身はどんな気持ちだったのか，あなたはどんな気持ちだったのか？　これから同じようなことがあったらどうしたらいいかなどを一緒に考えましょう。

もし返事がなかったり，「まだ無理」と返ってきたなら，時間をおきます。こうした問題に焦りは禁物です。

> ◘ **コラム3-6　教師のうつ病**
>
> 精神分析学的に言うと，憎しみや攻撃性の内向，すなわち怒りを抑えこむことがうつ病の発症要因の1つと考えられています[2]。文部科学省の資料によれば，教育職員の精神疾患による病気休職者数（その大半はうつ病をはじめとする気分障害と考えられます）は，4,891人（全教育職員数の0.53％）で，2007年度以降，5000人前後で推移しているそうです[3]。この数字は教師がいかに怒りを抑えこんでいるかを物語っていると，私は思います。

5．自尊心を高める

子どもの育ちに最も大切なのは，自尊心を高めることだと私は考えています。そして，キレる子どもであればあるほど，それが重要になります。

（1）自尊心を高めるとはどういうことか？

　自尊心とは「自分は生きるのにふさわしい，人生の課題にふさわしいという実感」です。具体的には，「自分には人生に起こるさまざまな事柄を考え，それに対処できる能力があるという自信と，自分は幸せになるだけの価値があり，その価値を信じ，自分の要求や欲求を主張し，それを手に入れ，自分の努力の成果を享受してよいという自信」であると言われています[4]。

　自尊心はしばしば自己肯定感と同義に捉えられることがありますが，正確には両者は異なります。自己肯定感とは，自分を肯定している感覚，感情などを指し，自尊心のプラス面を表す言葉です。

　一方，自己肯定だけでなく，自己を否定される言葉をかけられたり，自己否定につながるような失敗をしたとしても，その体験を受け入れ，「それでも自分はほどほどに良い」と思える状態が，真に自尊心が高い状態です。自尊心は子ども時代の生活・教育環境によって大きく左右されると考えられています。

　一方，似たような言葉として自己愛があります。しかし，自己愛が強い状態と自尊心が高い状態は似て非なるものです。自己愛とは，ギリシャ神話にちなむ精神分析用語で，「自己自身，すなわちこころの中に生み出される自己像を愛情対象にしている」状態を指します[5]。自己愛が強い人は，自分の否定的な側面は抑圧（無意識に押し込めること），否認して，自分の秀でている面のみを見て（あるいはそう思い込んで）自分を肯定します。世間一般にはナルシストと呼ばれます。ナルシストは，実際以上に賢い，強い，美しいというような自意識を持ち，自分自身を賞賛するとりまきを従えています。明らかに秀でた人間以外は見下し，思った通りに自分を認めてくれない相手を無視したり排除します。

　これとは逆に自分の秀でている面はもちろん，秀でていない面も含めて自分自身であり，その両価性を受け入れている状態が，自尊心が高いと言

表 3-6 自尊心が低い人の 10 の特徴

1. 自分を肯定できない（あるいは表面的に肯定している）
2. 自分で判断できない
3. 些細なことで気持ちがくじける
4. 何事にもやる気がない
5. 対人関係で委縮する
6. 友達が少ない
7. 暴力的になる
8. 他人の評価を気にする
9. 他人の言動に過敏に反応してしまう
10. 未来に対する希望がない

われる状態です。自尊心が高いと環境や他人のマイナス面を受け入れる度量が大きく，少々の困難ではめげません。意欲的に物事に取り組むことができ，将来への希望を持つことができます。友達が多く，大人との関係も良好です。

　キレる子どもに自尊心が高い子どもはいません。表面上，自己肯定感が高いように見えても，実は自己愛が強い状態なのです。これを世間では「プライドが高い」と言います。こうした子どもは，自分に自信が持てず，環境や他人のマイナス面を受け入れることが困難です。やる気がなく，対人関係でも委縮しがちです。他人にどう見られているかを気にしてしまい，時には暴力的になります（**表 3-6**）。
　だから，自尊心を高めることがキレる子どもの支援の最終的な目標になります。
　私は，「キレる子どもの気持ちを共有する」の項で，子どもとの信頼関係を築くことが大切だと書きました。それらの方法の全ては，子どもの自尊心を高める方法でもあります。話を聞いてもらったり，気持ちを共有してもらえるということは，自分を尊重してもらえるということであり，それが内在化されていけば，子どもの自尊心も高まっていきます。

第3章 キレる子どもへの支援　61

　それでは，さらに，子どもの自尊心を高める特別な方法はないでしょうか？

〈ケース4　親に死んでほしい　葵　14歳／中学2年〉

　葵さんの実父母は彼女が保育園の時に離婚しています。両親はASDでこだわりが強く頑固な葵さんに対し，「口で言ってわからなければ殴るしかない」と怒るたびに殴っていました。母親は葵さんが小学校に上がる前に男性と失踪。父親は養育ができないと，葵さんを養護施設に預けました。しかし，ASD特性が強い葵さんは，学校でも施設でも，いじめたりいじめられたり。年齢が上がると職員に対してもあからさまに反抗し，暴言暴力を振るうため，施設を転々としました。

　中学校2年生から登校を渋るようになりました。直接のきっかけは，仲間関係でいじめに遭ったことです。その前からリストカットしていましたが，最近それが増えてきたということで，養護の先生に勧められて私の外来を受診しました。

　面接では，「父親には早く死んでほしい。殺すと自分が損するから誰かが殺してほしい」「母親は親じゃない」と淡々と語りました。職員に暴力を振るうことについては，「口で言ってわからなければ殴るしかない」と親に言われたのと同じことを言います。リストカットについては，「悪い自分を消したようでスカッとする」とのことでした。

　生育歴から，自分を尊重された体験がないことから自尊心がとても低く，自分のマイナス面を受け止めることができないために，すべてをまわりのせいにして暴力を正当化していると考えられました。

（2）望ましい行動をほめる

　特別ではありませんが，お勧めするのは"ほめる"ことです。

　『そんなこと？』『発達障害の講演会で何度も聞いている』と思われるかもしれません。でも，そんなシンプルなことが大切だと私は考えていま

す。

　どんな子どもでも，周囲の大人に自分のいいところを認めてもらえる体験が重要です。ましてやキレる子どもは，ほめられていない子どもです。だから，いいところを見つけてもらい，認められる体験が重要です。大人は"いいところメガネ"をかけて，子どもの長所や得意なことを

見出して積極的にほめてあげましょう。加えて皆と同じように掃除をした，負けてしょげている仲間に声をかけた，静かに自習をしていたなど，ちょっとした「やるじゃない」というポイントを見逃さずにほめてあげましょう。

　時にはほめられることをすごく嫌がる子どももいます。けなされたり，蔑まれて育てられた子どもの中には，ほめられることに違和感や嫌悪感を抱く子がいます。こうした子どもは，「○○していて良かった」という言い方ではなく，「君は○○していたね」という，適切な行動を認める言い方にとどめていたほうがいいように思います。

(3) 結果を重視しない

　ほめるときに大事なことは結果を重視しないということです。もちろん，テストや大会でいい成績を上げたらほめてあげましょう。でも，できない子はもちろん，どんなにデキる子だって，いつもいつも，いい結果を残せるわけでもありません。

　だから，努力，意欲，ひたむきさをほめましょう。

　まず，現在の学力や能力に見合った目標を設定してあげます。そして，結果が出たときだけでなく，目標に向かって努力している姿や成し遂げようとする姿をほめてあげます。そして，もし，うまくいかなかったり，結果が出なかったら，「次があるよ」「頑張ったよ」と肯定的に受け止めてあ

げます。そうすれば，結果が伴わなくても，子どもは次も頑張ろうと思え，うまくいかない自分を受け入れてもいいのかなと思うようになるでしょう。

　日々の生活の中では，何らかの役割を与えて達成感を味わえるような配慮を行います。

　元法務省心理技官の小栗正幸先生は，「簡単な手伝いを言いつける」ことを勧めています。そして，手伝ってくれたら「ありがとうと返しましょう」と勧めています。「ありがとう」という言葉は，その子の価値を認める最上級の言葉であり，子どもの自尊心を高める魔法の言葉です。でも訳もなく「ありがとう」というわけにはいきません。その点，手伝いを言いつけることは，ありがとうを言える恰好のチャンスになります。

（4）叱る時には，次につなげることを考える

　こうした子どもに限らず，たしなめなければならない場面はどの子でもあります。暴言や暴力に限らず，悪ふざけをしたり，後片付けをしない，女の子や気の弱い子をいじめる，などなど。そうしたときには子どもを叱らなければなりません。「ふざけ過ぎだよ」「周りの迷惑を考えよう」，と。

　キレる子どもに関わるとき，「怒ってはいけないんですよね？」と聞かれる方がいらっしゃいます。確かに頭ごなしに，いつもいつも怒ってばかりでは困ります。けれども，不適切な言動を叱ることも必要です。叱られない子どもは，自分を尊重してもらっているとは思えないものです。

　叱っても構いません。怒っても構いません。ただし，存在を否定してはいけません。「お前はダメだな」「何にもできないね」……。そうした言葉は存在を否定する言葉です。「叩くのは良くない」「物を壊してはいけない」と，行動を正しましょう。

　加えて，叱る場合には，一連の行動の中に，何かしら，子どもを肯定する点を見出しましょう。例えば「モノは投げたけど，手加減していたね。相手のことも考えていたんだね」とか，「叩いちゃったけど，ちゃんと謝

れたね。次は頑張ろう」とか……。たしなめた上で，次につなげて言葉を伝えましょう。大切なことはそういう行動をとってしまう子どもをトータルで否定しないということです。

(5) 「あなたはあなたでいい」というメッセージを送る

さらに！　こうした子どもが真に欲しているのは"無条件の肯定"です。良いところを見つけてほめようとするのはもちろん大切ですが，良いところを意識するということは，悪いところも対照的に浮かび上がってしまうことになりかねません。一方"無条件の肯定"といった場合には，いいところも悪いところも含めて，その子を認めてあげる必要があります。規則を守るから，手伝いをするから，宿題をやって来るか  ら，受け入れるのではなく，反抗的でも，弱いものをいじめる子でも，その子の存在そのものを受け入れてください。それこそが，この子たちが最も欲しているものです。

問題になるのは，キレる子どもは，同年代の子どもよりもさらに自己愛的であるという点です。だから，その傲慢な発言や尊大な態度は正直，鼻につきます。「頭では無条件の肯定が大事だってわかるけど，大人を馬鹿にした言い方をされて肯定しろと言われても……」と言われるかもしれません。

その通りです。だから，あなたがムカついたら，まず，信頼できる同僚に愚痴をこぼしましょう。「ホント腹立つんだけど」「何様だと思ってんの！」などなど。その子どもにフラットな気持ちで接するには，自分の中に気持ちを溜め込まないことが大切です。それでも気が済まないなら，「何だその言い方は！」と怒っていいと思います。理屈で感情を抑えた物言いをするよりも，気持ちのぶつかり合いが大事だと私は思うのです。

第3章　キレる子どもへの支援　　65

　ただ，対決ばかりになってしまうなら考えものです。こうした子どもた
ちは人間関係を勝ち負けで捉えます。対決を続けて屈服させるというやり
方は，彼らの土俵に乗るだけで，あまり実りがないように思います。そう
したときは，『この子が尊大な振舞いをとってしまうのはどうしてだろ
う？』という問いを自分に投げかけ，その子どもを理解することを優先し
ましょう。その理解こそ，子どもを無条件で肯定する近道です。

　こうした子どもにごまかしは効きません。常に関わる大人の気持ちが問
われています。表面上"受け入れている"という姿勢を示しても，根底の
気持ちは伝わるものなのです。

まとめ

　キレる子どもへの支援は，
　1.　キレる子どもに対して枠付けを行う
　2.　枠付けを可能にする構造を構築する
　3.　キレる子どもの気持ちを共有する
　4.　怒りをコントロールする
　5.　自尊心を高める
となります。これらは同時並行で行われることですが，まず暴力に対する
危機管理をしっかりした上で，気持ちを共有することに取り組みましょ
う。そして，日々の生活の中で生じてくるトラブルに対して怒りのコント
ロールを練習し，その積み重ねの中で自尊心を高めていければ，良い支援
といえると思います。

　それには，焦らず，たゆまず，諦めないことが大切です。

◘ コラム3-7　自尊心の育ち

　自尊心を育むのは親の役割です。

生まれてきた子どもを愛おしく思い，その思いを込めて母親は子どもを抱きしめます。さらに，おっぱい（ミルク）を飲ませる，おむつを替える，絵本を読んであげるといった子どもの世話をします。そこには，『生まれてきてくれてありがとう』という思いが込められます。これらの母親からの絆行動は，子どもに『自分は大切にされている。自分は大切にされるべき存在なんだ』という思いをもたらします。その思いは子どものこころの中に蓄積され，自分の存在を無条件に肯定されているという信念をもたらします。無条件の肯定！　これが，自尊心の土台を作るのです。

　幼児期の子どもは，通常，子どもであるだけでほめられるものです。例えば，ニンジンを食べた，ブランコに乗れた，歌が歌えた……など。年齢が低ければ低いほど，子どもはほめられるものです。ほめられることは，何より自己肯定感を高めます。ほめられることによって「やる気」が生まれ，子どもは「別のことも頑張ってみよう」と思えます。

　一方，幼児期にはしつけが始まります。それまで，無条件に愛情を注げばよかったお母さんも，子どもが言葉を話し，動き回り，いたずらをするようになると，さあたいへん！　離乳，トイレットトレーニング，着替え，洗面，入浴……。1人で自分の身の周りのことがこなせるようにと教えていく過程では，子どもは当然うまくできなくて失敗します。心にゆとりのあるときには笑って許せるお母さんも，ゆとりがなくなれば感情的に怒ることもあるでしょう。時には手が出てしまうかもしれません。それに対して子どもは泣いたり，怒ったりしながら，でもやっぱりお母さんにほめてもらいたくて，お母さんの期待に応えようと頑張ります。そうして，最終的にはお母さんに喜んでもらえる。そこに大きな意味があるのです。

　つまり，自分のいいところ，できるところをほめられ受け入れてもらうだけでなく，失敗や足りない点を叱られ，でも最終的には受け入れてもらえるという体験が積み上がっていけば，子どもの中に，自分自身のいいところも悪いところも受け入れる感覚が身についていきます。この体験の繰り返しが自尊心の育ちにつながるのです。

　もちろん，母親だけの責任ではありません。自尊心を育む父親の役割もあります。

　通常年齢が上がって保育園に入る頃には，子どもは父親と母親を区別して認識します。一般的には，父親は子どもを枠付け，規範を守り，見本を示す存在です。その父親に認められるということは，自尊心の形成に大きな影響があります。

　逆のパターンを考えてみましょう。

第3章 キレる子どもへの支援 67

　親が，子どもの失敗を厳しく叱責したとします。激しい体罰も加えます。子ども
もは自分の失敗を受け入れられるでしょうか？　うまくできない時，「お前は何を
やってもダメだ」と否定されたり，「だからお前はいらない」と言われたら，子ど
もは自分の短所を「それでもいいや」と受け入れることができるでしょうか？
また，両親が自分の子育てを巡っていつも喧嘩していたら，子どもは自分を受け
入れられるでしょうか？
　答えは No です。子どもは自分の否定的（とみなされる）側面を否認し，他者
に投影して，自分のいい面だけを観て，『だから自分は大丈夫』と思わなければ生
きていけなくなります。これが繰り返されれば，自己愛的な人格が育っていくと
考えられます。

引 用 文 献

1）加藤 正明，笠原 嘉，小此木 啓吾ほか編：共感. 新版精神医学事典，p.160, 弘文堂,
東京，1993.
2）松浪克文，大前晋，飯田眞：病態心理. 現代臨床精神医学 第 4 巻 気分障害，p.61-88,
中山書店，東京，1998.
3）平成 28 年度公立学校教職員の人事行政状況調査について. http://www.mext.go.jp/
a_menu/shotou/jinji/1399577.htm
4）ナサニエル・ブランデン著，手塚郁美訳：自信を育てる心理学「自己評価」入門. 春
秋社，東京，1992.
5）小此木啓吾：自己愛. 小此木啓吾編，精神分析事典，p.170-172, 岩崎学術出版，東京,
2002.

第4章 発達障害の子どもへの対応で気をつけること

　今までの説明は全て発達障害の子どもにも通用するやり方です。
　この章では，発達障害の子どもへの対応で，特に気をつけることをお話しします。

1. 安全で穏やかな環境を提供する

　例えば，脚が不自由な子どもが生活する場合，支援する大人は，まず環境を整えます。段差を減らし，階段にはスロープを付けます。同じように，発達障害の子どもに安全で穏やかな環境を提供することは支援の土台です。

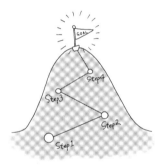

　子どもへの接し方もそのひとつです。発達障害の子どもと接するときは，あなた自身が穏やかに，子どもと同じ目線になって，落ち着いた声で話しましょう。子どもに指示を与えるときは，1回につき1つが原則です。具体的に，明快で，わかりやすい内容を心がけます。できるだけ図表や画像を使って視覚に訴えるとよいでしょう。

　よく言われる環境の構造化も大切です。入院環境や施設などでは，勉強は学習室，食事は食堂など，一つ一つの活動に応じて場所を定められるとベストです。場所が定まったら，例えば，勉強する時は勉強道具だけを置くなど，不要な刺激を排除しましょう。

　1日単位，1週間単位のスケジュールは，いつでも見えるところに貼っ

ておきます。新しいことやいつもと違う予定がある場合には，あらかじめそのことを伝えておきます。その日に行う作業の手順もできるだけ視覚化して伝えたいものです。予定が明確に示されており，子どもが未来を予測しやすい環境を整えることが，不安やパニックを防ぎます。

スケジュールだけでなく，手順や望ましい対応もあらかじめ伝えましょう。逆に減らしたい行動，望ましくない行動もあらかじめ説明しておきます。減らしたい行動をとってしまったときにはどうなるかは，あらかじめ決めておき，その約束は淡々と実行しましょう。そして，それらも視覚化して明示しましょう。

2. 集団に入れる際には配慮する

刺激に弱く，衝動性が強い子どもに対しては，集団活動時のメンバー構成や，隣に誰が来るのかなどの位置に配慮します。集団に入ると危険が予想される場合には，何とかやりくりして，大人が個別に関わりましょう。集会などの団体行動では，大人は少し距離をとって見守ります。集団に出られるようになっても，個別の関わりの時間は継続します。

子ども同士の関係が構築されていない段階で子ども同士の衝突が発生したら，大人が介入します。しばらく記録を取り，ABC分析を用いて因果関係を分析しましょう。ABC分析とは，問題となる行動（Behavior）に対して先行する要因（Antecedent）と結果（Consequence）を記録することで，問題となる行動への対処を考える方法です。先行する要因がわかれば，なるべく取り除きます。また，結果は問題を持続させている要因でもあるため，これにどうアプローチするかも考えます。

第 4 章　発達障害の子どもへの対応で気をつけること　71

〈シーン7　いつも喧嘩になる2人にABC分析を用いた　陽向と健太　10歳／小学 4 年〉

　陽向くんと健太くんは犬猿の仲です。いつもはじめは仲良く遊んでいるのですが，いつのまにか喧嘩になります。ほとほと困り果てた先生は，2人を 1 週間モニタリングして ABC 分析を行いました。

・2人は寄ると触ると喧嘩になります（Behavior）
・はじめは仲よく遊んでいるのですが，そのうちに，貸す貸さないとか，どっちが先かなどで言い合いになります（Antecedent）
・最後は殴り合いになるため，先生が介入し，どちらが悪いか判定します（Consequence）

　以上が分析されたので，対処を考えました。
・貸す貸さないとか，どっちが先かに関しては記録を付け，順番に使うようにする（先行する要因に対する対処）。
・先生が判定するとどちらかが「勝った気分」になるため，判定はしない。喧嘩両成敗として，そのものは，1日使えないようにする（結果に対する対処）

　それでも，どうしても改善がなければ，トラブルになる 2 人は居場所を別々にするしかないかもしれません。なお，子ども同士の関係がある程度固まっている場合は，子どもが自ら「それは暴言だよ」などと押し返す練習をするのも必要です。ただし，これは集団の状態や構成メンバーによると思います。

3. ほめる支援を徹底する

　よく言われるように，ほめることは発達障害の子どもの支援において，

とても大切です。失敗体験の多い彼らは，ほめられることにとても飢えています。静かに勉強した，友達を助けてあげたなど，望ましい行動をとった時には完璧でなくとも必ずそれをほめるようにします。ほめられれば，その行動が強化されますし，ほかのことでも意欲的になります。

　ほめるタイミングはできるだけ早く，良いことをしたらすぐほめられるよう，アンテナを高くしておきましょう。

　ほめる時は，
・子どもに近づいて同じ目線を保ち
・感情をこめた明るい声で
・具体的な行動をほめましょう。

　もっとも，これは基本形であり，その子その子にあったほめ方を見つけましょう。人前で大げさにほめた方がいいのか？　こっそり耳打ちして「今の○○良かったよ」と囁く方がいいのか？　ほめ方は人それぞれです。それから，ほめた後で「いつもこんな風にやってくればいいのにね」などと，皮肉を言ったりしないように。せっかくほめたことが台無しになってしまいますから。

　ペアレントトレーニングでこうした話をすると，「この子にはほめるところなんて1つもありません」と嘆かれる親御さんがいらっしゃいます。もっともです。特にキレる子どもは，大人を困らせたり叱られるような行動をとって関心を引こうとするからなおさらです。でも，100％期待したようにできなくても，25％できたらほめるくらいのつもりでいると，ほめる機会がぐっと増します。

　そう話すと，「25％ですか？」と驚かれる方がいらっしゃいます。確か

に今までの感覚とはだいぶ違いますね。例えば，宿題も4回に1回やって
くればほめるということです。そんなにハードルを低くして大丈夫？　と
思われるかもしれません。でも大丈夫。ハードルはだんだん上げていけば
いいのです。まずは，試してみてください。

　発達障害の子どもは，意外なほど当たり前のことができないものです。
手順，因果関係，挨拶，人の気持ち，人に接する方法などなど。やらせて
気付かせるよりも，具体的な行動を一つ一つ教え，うまくできたらほめて
あげましょう。そうすると，ほめる機会がグッと増えます。

4.　予告する

　発達障害の子どもは先を見通すことが苦手です。だから，予告をしましょ
う。

　「あと5分」「あと1回」と予告することで，子どもは行動を切り替え
る準備ができます。その方が，時間になった時に，その指示を受け入れや
すくなります。

　予告のポイントは次の3つです。

　① これから起こることを予告する

　② 手順や望ましい対応を予告する

　③ 困った行動，望ましくない行動を説明する

　そうした行動をとってしまった時にはどうなるかも，あらかじめ伝えて
おきます。

5.　自分で選択させる

　「選択させる」とは，2つ以上の可能性のあるやり方を提案することで
す。例えば，「ちゃんと掃除しなさい！」と指示する代わりに，「ほうき係
と雑巾係，どっちをやる？」と選ばせるのです。発達障害の子どもは，人

に指示されることが嫌いです。反対に，自分自身で選ぶことができると，気持ちよく行動に移ります。

　自分で選んで，実行できたらほめてあげます。どっちもいやだと言ったら，大人が決めることを宣言します。子どもがほかの提案をしてきて，それが大人にとって受け入れられるものであれば，それを選ばせるのも良いでしょう。

6. コミュニケーションや対人関係を手伝う

　発達障害の子どものトラブルの原因として，コミュニケーションや対人関係の稚拙さは侮れません。だからコミュニケーションや対人関係を手伝ってあげましょう。

　トラブルを起こした時は，まず，You-message で子どもの気持ちを共有します。その後，落ち着いた後で，相手の気持ち，場の状況，トラブルの因果関係などを説明します。そして，そうした場面ではどうしたらいいのか，具体的に適切な行動ややり方を示してあげます。

　また，日常生活の中で，どんな方法なら，その子が意思表示しやすいか，日々探っていく必要があります。言葉でうまく伝えられないから手が出てしまう……というのは，低学年のキレる子どもには多いものです。

〈シーン8　コミュニケーションの介入例　楓太　7歳／小学3年〉
　ASD の楓太くんはいつも言葉足らずです。友達と遊んでいて「そんなこともできないの？」となじり，「お前に言われたくないよ」と言い返した友達を叩いてしまいました。
　①まずケンカした時の気持ちを聞きました。

「楓太くんはどんな気持ちだった？」

　ムカついた。

「どうしてムカついたの？」

　バカにされたから。

「そう。楓太くんはバカにされたって感じてムカついたんだね」

　うん。

②次に相手の気持ちを教えました。

「喧嘩になる前に，楓太くんが『そんなこともできないの』と言ったん
　だったね。そう言われたら，友達はどんな気持ちだっただろう？」

　わかんない。

「たぶん，友達は嫌な気持ちになったと思うよ」

　ふーん。

③最後に具体的な行動を伝えました。

「楓太くんが『そんなこともできないの』と言われたらどう思う？」

　ムカつく！

「そうだね。ムカつくね。言われて嫌な言葉はチクチク言葉だよ。チク
　チク言葉は言わないようにしよう」

　わかった。

7. こだわりに配慮する

　ASD の子どもは，ストレスがこだわりを生み，
こだわりを中断するとパニックになります。パ
ニックになると物を壊したり，止めに入った人
に暴力を振るうこともあります。

　こうしたこだわりに対してはどう対応したらいいでしょうか？

　まず，現実的になりましょう。こだわりをすべてなくすことは不可能で
す。またこだわりは移り変わっていきます。これらを考えると，例えば座

る場所が決まっている，部屋に入るのは右のドアから……など，周りの人に迷惑をかけない，あるいは被害が生じないこだわりはやらせておく方が賢明です。

　一方，子どもが自分でこだわりに融通がつけられたらほめてあげましょう。逆に，周囲に対する操作性が感じられる時には，こだわりやパニックを無視することも必要です。

　あまりに，こだわりが強い時には，ABC分析を用いて介入法を検討しましょう。

〈シーン9　妹を叩くことがこだわりになってしまっている　蒼空　7歳／小学2年〉

　家で，妹を叩いて困っているという訴えで紹介された蒼空くんは，幼少期からASDと診断されていました。お母さんに，妹との関わりを1週間モニタリングしてもらい，ABC分析を行いました。

・蒼空くんが叩くときは，理由があるときもあるけど，理由がなくて叩くときもあり，何か叩くことにこだわっているようでした（Behavior）
・観察してみると，蒼空くんが叩く前には，必ず転んだとか，人とぶつかったなどの，「痛いこと」があることがわかりました（Antecedent）
・叩くと妹が泣き，「スッキリする」のですが，母親に叱られ嫌な気分にもなる，とのことでした（Consequence）

　以上から，3つの対処法を考えました。
1. 学校から帰ってきたら，今日，「痛いこと」がなかったかどうかを聞き，「蒼空くんは嫌な気持ちだったね」と気持ちを受け止める。その上で「でも妹は叩かないようにしようね」と念を押す（先行要因に対する対処）。
2. 「痛いこと」があった時に，クッションをパンチする，大声を出すな

第4章　発達障害の子どもへの対応で気をつけること　77

表4-1　ASD に対する向精神薬の投与法

一般名	アリピプラゾール	リスペリドン
商品名	エビリファイ	リスパダール
作用機序	ドーパミン部分作動薬	ドーパミン再取り込み阻害薬
開始用量	1mg/ 日	0.5mg/ 日
最大用量	15mg/ 日	3mg/ 日
処方ごとの増量幅	最大 3mg	最大 0.5mg
用法	1日1～2回　朝か夕に経口投与	
副作用	不眠，イライラ感，手のふるえなど	傾眠，過鎮静，食欲増加，血糖値の上昇
特徴	比較的副作用が少なく，眠気が少ないので，日中内服するのに適している	眠気が来るので，夕食後に服用すると睡眠の改善も図れる

　ど，スッキリする別の方法を探す（先行要因に対する対処）。
3.　叩いてしまったら，その日はゲーム禁止（スッキリで終わらせない＝
　　結果に対する対処）

8.　適切な薬物を服用する

　ASD を直す薬は，残念ながら開発されていません。どうしてもこだわ
りが頑強でなくならない場合や，興奮・易刺激性が強い場合は，向精神薬
の処方を考慮します（**表4-1**）。現在のところ，アリピプラゾール，リス
ペリドンが保険適応になっています。
　これらの薬は，脳内でのセロトニンやドーパミンという神経伝達物質の
作用を遮断したり，調整することで効果を発揮します。用量は通常少ない
量から始め，漸増して維持します。ただし，知的障害を伴う発達障害の子

表 4-2　ADHD 治療薬の特徴と投与法

一般名	メチルフェニデート	グアンファシン	アトモキセチン
商品名	コンサータ	インチュニブ	ストラテラ
作用機序	ドーパミン再取り込み阻害薬	選択的 α 2A アドレナリン受容体作動薬	ノルアドレナリン再取り込み阻害薬
開始用量	18mg/ 日	1mg/ 日	0.5mg/kg/ 日
最大用量	54mg/ 日	3mg/ 日	1.8mg/kg/ 日
処方ごとの増量幅	9mg	1mg	0.3 ～ 0.4mg/kg
用法	1 日 1 回朝に経口投与	1 日 1 回夕に経口投与	1 日 2 回朝夕に経口投与
副作用	食欲不振・体重減少，不眠，チックなど	血圧低下，頭痛，めまい，倦怠感，傾眠	食欲低下・体重減少，便秘
特徴	興奮・暴力や攻撃性が増強される場合がある	眠気が来るので，夕食後に服用すると睡眠の改善も図れる	まれには興奮・暴力・攻撃性が強まることがある

どもの場合は統合失調症と同じくらいの分量が必要になる場合もあります。

　なお，この両者は定期的に内服するほかに，キレた時の頓服薬としても使用可能です。その場合，分量は定期薬の 1 回分が目安です。

　ADHD 症状にはメチルフェニデート，グアンファシン，アトモキセチンを用います（**表 4-2**）。ADHD は，大脳前頭前野や線条体・側坐核における，ドーパミンやノルアドレナリンを介する神経伝達が弱いために生じると考えられています。ADHD 治療薬は，この作用を強めることで症状を軽減すると説明されています。

　メチルフェニデートが ADHD に対する第一選択薬で，効果も強い薬です。ただ，最低でも 1 錠 18mg で，半分に割ったりできないところが使いづらいところです。副作用も多い薬です。特に食欲不振は，症状に比べて量が多い場合は必ず出現するので，食欲が低下したら量の調整が必要です。

そのほか，興奮・暴力や攻撃性が増強される場合があるので，内服後にこれらの症状が強まったら，ほかの薬剤に変更する必要があります。

第2選択薬としては，グアンファシンやアトモキセチンがあります。

どちらも一長一短なので，特徴や副作用を考慮して選択します。また，メチルフェニデートの効果は日中に限られるため，夕方以降にもADHD症状を抑えたいときに，メチルフェニデートに併用することもできます。

9. 関係機関と連携する

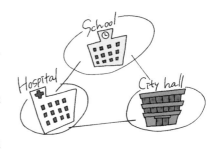

単一の機関でキレる発達障害の子どもを支援するのは至難の業です。できるだけ早い段階で関係機関（学校，医療機関，市町村の子育て支援課，発達障害支援センター，民間の放課後等デイサービス，児童相談所など）が集まって支援会議を開き，連携しながら支援を行いましょう。

一昔前，学校は外部機関とつながることに抵抗がある印象を受けましたが，今どき，そんなことを言う学校は少数でしょう。こうした子どもに対処する場合には積極的に連携を模索しましょう。

支援会議では，その子どもと親の理解を共有した上で誰が中心となって子どもに対応するのか，誰が親のサポートをするのか，各々の機関の役割，情報共有の方法や支援会議の頻度，危機介入の条件と方法などを決めます。

10. 親を支える

学校や福祉の現場では，なかなか親御さんに手が入らないことが多いものです。しかし，子どもと同時に親自身を支えないと，いくら子どもに働きかけても問題の改善は困難です。子どもに一番大きな影響力を持ってい

るのは親御さんだからです。詳しくは第6章で述べますが，ここでは連携のポイントを一言。

すべての担当者は親の気持ちにも寄り添うことを心がけます。親の相談相手がいない場合は，保健師の訪問や訪問看護など，重点的に親を支える方法を検討します。タイムケア，ヘルパーの派遣など，市町村の親支援サービスや，発達障害児に対する放課後等デイサービスの利用も検討します。いかに親が自分の肩の重荷を下ろし，育てるのが困難な子どもに向き合えるようにするかが支援者の役割です。不適切な養育の背景に経済的困窮があれば，公営住宅への入居や特別児童扶養手当の支給など，経済的なサービスの利用も勧めましょう。

まとめ

キレる発達障害の子どもには，次の10の特別な配慮をしましょう。

1. 安全で穏やかな環境を提供する
2. 集団に入れる際には配慮する
3. ほめる支援を徹底する
4. 予告する
5. 自分で選択させる
6. コミュニケーションや対人関係を手伝う
7. こだわりに配慮する
8. 必要な薬物を服用する
9. 関係機関と連携する
10. 親を支える

第5章 思春期のキレる子どもへの対応

　この章では，思春期（中学生）のキレる子どものことを取り上げます。心構えや支援は，基本的には児童期（幼児から小学生）と同じですが，思春期の子どもには特有の心理と，接し方のコツがあります。まず，キレる子どもの思春期の心性を説明し，次に対応について考えていきましょう。

1. 思春期の子どもの心理

　女子なら10歳，男子なら11歳頃から第二次性徴が始まります。第二次性徴が現れる青年期の前半の発達期（15, 6歳くらいまで）を特に，思春期といいます。

　思春期における親からの分離は本能に裏打ちされているものです。子どもは自分から親を疎み，自立に進もうとするのです。にもかかわらず，子どもは見捨てられ不安と無価値感を感じると言われています。それは思春期なら誰でも感じるものですが，辛い体験でもあります。そこで子どもは，その辛さを和らげるために無意識のうちに自己愛を肥大させ，嫌いな人を価値下げし，仲間や恋人を作ることで自分を守ります。そして，一歩先を行く先輩や関わる大人の姿に理想像を模索しながら，自分らしさを確立していくのです[1, 2, 3]。

◆ コラム5-1　思春期における見捨てられ不安や無価値感の防衛[1, 2, 3]

　第一の防衛手段は，自己愛の肥大です。

　自己愛とは自分自身を大切に，愛おしく思う気持ちであり，誰もが持っているものです。幼児期と思春期の子どもは，特に自己愛が肥大します。思考の中心は自分（とその仲間）となり，自分（仲間）さえ良ければいいという思考に陥りがちです。失敗，悪口など，自分が傷つくことには敏感ですが，人を傷つけることには鈍感です。自分は特別だという意識を持っていますので，思い通りに事が運ばないとイライラします。自分が一番正しい，自分が一番優れていると思っていますから，周囲を見下す尊大な態度・発言が見られます。

　けれども，理想を追求する心性から，学業や運動，芸術面などで大きな記録を打ち立てたり，時には社会を変える原動力になることもあります。

　第二の防衛手段は分裂です。

　思春期の子どもの，かりそめの万能感は好感を抱いた他者に投影され，受け入れがたい自分の短所は，怒りを抱いた他者に投影されます。"良い"対象は理想化されて憧れと依存の対象となり，"悪い"対象は価値下げされ，侮蔑と攻撃の対象となります。これを対象関係の分裂と言います。こうした考え方をしていると，自分を取り巻く複雑な状況が単純化され，不安や葛藤を感じないで済みます。例えば，見捨てられ不安や無価値感を感じたら，感じさせる相手が悪い，と斬って捨てられるというわけです。

　第三の防衛手段は二者関係への没頭と仲間への同一化です。

　二者関係において，理想化され没頭する対象は，思春期では同性であり，その後，異性が加わります。つまり，親友と恋愛です。見捨てられ感や無価値感を抱いた子どもにとって，親友や恋人の存在は，何より万能感を高めます。昔，スピッツの歌で『空も飛べるはず』という曲がありましたが，あの曲は，恋をしている思春期の子どもの万能感を見事に表現しています。

　同一化とは，皆と同じ格好をし，同じグッズを所有し，同じふるまいをすることによって，『自分は1人ではない』という感覚を得て不安を防ぐ方法です。昔，「赤信号，みんなで渡れば怖くない」というフレーズがありましたね。思春期の子どもは，仲良しグループや部活，委員会などの集団に属さないと不安になるのです。自立に伴う不安を解消することができると同時に，その活動のさなかに見出した理想像に近づこうとすることで，自分らしさ（自己同一性）を身につけていくことができます。

2. キレる子どもの思春期

それではキレる子どもの思春期はどうなるでしょうか？

第1章でみたように，キレる子どもとは，ありのままの自分を受け入れてもらえなかった子どもです。それが思春期において，本能の作用によって親からの自立を促されるわけです。も

ともと親との関係性が脆弱だった彼らにおいては，その分離には通常の何倍もの見捨てられ不安と無価値感が伴います。そして，それらを乗り越えるにも，通常の何倍もの困難が伴います。だからといって，彼らにだけ特別な手段があるわけではありません。やはり，自己愛を肥大させ，価値下げを多用し，恋人や仲間に没頭します。違うのは，その程度です。

キレる子どもの思春期は，より自己愛的で幼児的な万能感に満ちています。言うなれば"俺さま"状態です。自分が一番すごい，自分の考えが絶対正しいと思っているのです。例えば，どんなに点数が低くても，根拠なく『ちょっと勉強すれば高校に合格できる』と思ったりします。だから，点数で現実を突きつけられる勉強は嫌いです。また，万能的な子どもは，指図されることを嫌います。これが大人との対立を生みやすい大きな理由です。一旦，対立の構図が出来上がると，価値下げと相まって，相手を徹底的に嫌うため，関係の修復が困難になります。

キレる子どもの家族には，解決困難な問題を抱えていることが多いので，キレる子どもは家族を疎み，同じような境遇，同じような育ちの仲間を求めます。不良グループ，ヤンキー，ギャングなどと呼ばれる集団に属することが多いのは，このためです。他者との関係が難しい子どもの集まりですから，しばしば対立や諍いが生まれますし，それを防ぐために規律はかなり厳格のようです。キレる仲間に同一化するわけですから，さらにキレやすくなるのは当然です。

キレる子どもたちが集団を作ると，依存欲求と相まって早熟な性化行動が始まります。性衝動が実行を伴うと，親からの分離がいっそう加速します。親よりも恋人が大切になり，恋愛に没頭します。けれども恋人よりも基本，自分が大事ですから，恋愛は容易に破綻します。

〈ケース5　青年期の素行症へと発展した　翔　13歳／中学1年〉

　翔くんは父母兄弟との5人家族です。親族の精神障害，物質依存や犯罪歴の既往はありません。

　妊娠分娩には異常ありませんでした。言語発達は平均より半年ほど遅れ気味でした。幼少時より活発で，興味を引かれると引かれた方に行ってしまい，ほかには目が向かない傾向がありました。小さい時から言い出すと聞かない頑固な子だったため，両親は頭ごなしに怒ることが多かったそうです。4歳から保育園に入園しましたが，興味がないことはやろうとせず，集団行動がとれないために，たびたびトラブルを起こしました。

　小学校に上がっても授業を座って聞くことはできず，たびたび席を離れては先生に注意されました。集中時間は短く，一つのことを続けられるのは10分ほどでした。連絡ノートを書かない，宿題はやらない，自分の部屋は散らかしっぱなし。約束したことも守れない子だったので，父母はいつも厳しく叱りつけました。それで反省を口にするのですが，同じことを繰り返すのでまた叱られる，という悪循環でした。

　学年が上がるにつれて，翔くんは次第に反抗的になっていきました。特に3年生になり担任が代わってクラスが荒れると，翔くんは先頭に立って反発しました。家でも「部屋を片づけなさい」などと母親が注意すると「うっせえクソババア」と罵るため，親子喧嘩が絶えなくなりました。明らかに自分に非があることでも謝らず，他人のせいにするため，父親は翔くんを殴ってしつけたといいます。

　5年生に入ってもこうした傾向が続いたため，近在の小児科医を受診。そこでADHDと診断され，メチルフェニデートの投与が開始されました。

新しい担任には翔くんもなつき，反抗的な言動も影を潜め，小学校を卒業しました。

けれども中学に入学すると，「自分は普通だから」と服薬を拒否しました。その後，落ち着きがなくなり，再び反抗的態度を示すようになりました。授業を抜け出して保健室で過ごし，隠れてタバコを吸いました。些細なことからカッとなり，気にくわないといきなり殴ったり，蹴飛ばすこともありました。教師が注意しても「やってない」と平然としらを切り，それでも追及されると，逆ギレして，教師にも殴る蹴るの暴行を加えました。

2年生からは病院への通院も拒否し，反抗的行動はさらにエスカレートしました。自転車で校内を暴走し，制止した教師に暴力を振るいました。深夜，無人の学校に侵入し，文具などを持ち出しました。万引きも頻回となり，店員に捕まると暴言を吐きました。自転車・バイク盗，無免許運転で数回補導されました。父母が注意しても，逆に興奮状態となるし，何度警察で説教されても，こうした行動は収まりませんでした。

親と学校は危機感を募らせ，7月，児童相談所に相談し，勧められて私の外来を受診しました。

3. 思春期のキレる子どもへの対応

それでは，この難しい思春期のキレる子どもにはどう対応したらいいでしょうか？

ポイントを7つ挙げます。

（1）強制的なことはできない

「第3章 キレる子どもへの支援」では，枠付けの重要性を説きました。思春期の子どもであっても，金八先生のように，体を張り，魂でぶつかって，キレる生徒ともわかり合う……というのは理想的です。しかし，すべての教師ができることではないでしょう。

例えば，子どもが興奮状態になったとき，クールダウンを促すのは同じです。けれども，それに従わない場合，警告してタイムアウトを取らせることができるのか，という問題があります。連携体制を構築し，そういう場合には体育教師に来てもらって強制的に別の部屋に連れて行く……ということもできます。でも，その先生がいなくなるともっと暴れるかもしれません。枠付けを行うのであれば，あくまでも安全に実行できなければいけません。

　こちらの安全が担保されない状況では，強制的な行動に出るのではなく，興奮が収まるのを見守るほうが得策です。もちろん，ほかの子どもは別の部屋に連れて行きます。そして，その子が落ち着いて来たら「クールダウンできるか？」と尋ねます。頷くようなら，クールダウンを促します。その後の流れは，児童期と同じです。

　暴力や器物破損がある場合には，担任だけで対処するのではなく，指導主事，教頭や校長などの管理職を交えて学校ぐるみで対応しましょう。具体的には保護者に迎えに来てもらう，謹慎期間を設ける，警察に介入を依頼するなど，児童期とは別の枠付け方法を検討しましょう。

> ◆ コラム5-2　仲間を否定しない
>
>
>
> 　キレる子どもでよく問題となるのは，大人の基準から考えると良くない（特に素行が良くない）友達との付き合いです。ついつい，「ああいう子たちと関わるのは止めなさい」と言いたくなるものです。しかし，思春期の子どもは，大人よりも仲間を大事にし，仲間に同一化することによって自立する不安から自分を守っています。だから，交友関係を制限されると，親には頼れず，友達も支えにならないという八方塞がりの状態になってしまいます。かといって，歯止めをかけないのも，触法行動をはじめとして，いろいろな悪影響を受けそうで心配です。
>
> 　こうした時には交友関係を頭ごなしに否定せず，「君にとっては大事な友達なん

第 5 章　思春期のキレる子どもへの対応　　87

だよね。ただ，彼らは○○（例：危ない薬をやっている）という話だから先生は心配だな」などと大人の懸念を伝えましょう。そして，子どもの意向や自主性を尊重しつつ，「どんな仲間といようと，あなたのことは決して見放さない」というメッセージを送り続けることが必要になります。

（2）信頼関係の形成に十分時間をかける

　そうした事態にならないためにも，思春期のキレる子どもとは，信頼関係の形成に十分時間をかけましょう。

　第 3 章で述べたように，子どもとの信頼関係が十分にできていない年度当初が，特に大切です。その子が反抗していない時に，その子が好きなことや楽しいことを中心に時間を共有します。同じ

時間を過ごす中で，気持ちを共有することによって関係性を深め，こころの声を表現できる素地を作っておきます。その繰り返しの中で，『この人は信頼できる』と思ってもらえることを目指しましょう。

　ある程度，関係性が深まったら，その子の得意なことに対して，見合った目標を設定し，それに向かって一緒に努力できる体制が作れればベストです。

（3）肯定的なフィードバックを徹底する

　キレる子どもは，自尊心が低いものです。彼らには，売り言葉に買い言葉ではなく，肯定的な言葉がけをしましょう。子どもの良い点や行いを見つけて，ほめたり評価したりすることを繰り返します。「いい子だね」と言い方ではなく，「綺麗に片付けられて，頑張ったな」などと子どもの良い行動を明確に伝えましょう。その方が，その行動を増やすことができます。また信頼関係を強めるためにも有効です。

　具体的なやり取りで説明します。

〈シーン10　ADHD，ASD，愛着障害と診断されている　拓海　14歳／
中学3年〉

こだわりが強く，キレやすい拓海くんは，学校でなんだかんだと言って
掃除をしません。しても手を抜いてサボってばかりいます。以前の対応は
以下のようなものでした。

　先生：掃除やってるか？
　拓海：（ふてくされて）やってるよ
　先生：（しばらく見守る）
　拓海：なんで見てんだよ
　先生：（その言葉には反応せず）しっかりやってください
　拓海：（適当に雑巾がけ）
　先生：（間を指摘し）やり残しの分があるよ
　拓海：（ふてくされた様子で雑巾をかける）
　先生：（その態度にむっとして何も言わず）

拓海くんは先生がキレるようにキレるようにと，言葉でも態度でも挑発
します。真っ向勝負して，お互いに不快な気分になってしまいました。
　それでは，肯定的な言葉がけを心がけたらどうなるでしょうか。

　先生：掃除やってるな！
　拓海：（ふてくされて）やってるよ
　先生：頑張ってるな（しばらく見守る）
　拓海：なんで見てんだよ
　先生：（イラッとすることなく）しっかりやってるところを見ているよ
　拓海：（適当に雑巾がけ）
　先生：（適当さには言及せず）頑張ったな。
　　　　あとやり残しのところがあるから，それもやったら完璧だ！

拓海：（ふてくされた様子で雑巾をかける）
先生：綺麗に掃除してくれて，ありがとう

彼らのコミュニケーションは基本，勝負です。言い負かすか，言い負かされるか！　それ以外のパターンが少ないのです。勝負を回避して，子どもを肯定的に評価しましょう。

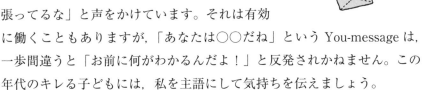

(4) I-messageで気持ちを伝える

拓海くんに対して先生は，「やってるな」「頑張ってるな」と声をかけています。それは有効に働くこともありますが，「あなたは○○だね」というYou-messageは，一歩間違うと「お前に何がわかるんだよ！」と反発されかねません。この年代のキレる子どもには，私を主語にして気持ちを伝えましょう。

これも具体例で示します。

〈シーン11　養護施設に入所している　さくら　13歳／中学2年〉

さくらさんは学校では自分を抑えていい子で過ごしていますが，施設に帰るとちょっと注意されてもキレてしまいます。

　　職員：学校から帰ったら脱いだ服くらい片付けなさい
　さくら：あとで片付けるよ
　　職員：「あとで」っていつもいつも片付けないじゃない
　さくら：（ふてくされて）あのね，私は学校で疲れているの！
　　職員：学校で疲れるのは，みんな一緒でしょう？
　さくら：はあ？　片付けるって言ってんでしょ。頭悪いんじゃないの？
　　職員：大人に向かってなんて口きくの！
　さくら：大人大人って偉そうに。子どもの気持ちなんて何にもわかって

ないじゃない！
　職員：あんたこそ，私たちがどれだけ心配していると思ってんの！

　これを I-message で伝えるとこうなります。
　職員：（穏やかに）学校から帰ったら脱いだ服は片付ける約束でしょう？
　さくら：あとで片付けるよ
　職員：「あとで」かあ。でも私だったら忘れちゃうかな
　さくら：（ふてくされて）あのね，私はあんたほど頭悪くないし，学校で疲れているの！
　職員：中学はいろいろ大変でしょうね。何かあった？
　さくら：はあ？　何知ったかぶりしてんの？
　職員：そういう言い方されると，先生悲しいな。心配だから聞いたんだよ
　さくら：……関係ないでしょう（黙って服を片付ける）
　職員：片付けてくれてありがとう

同じように心配していることを伝えるにしても，伝え方ひとつで随分子どもの受け止めも変わります。いつもうまくいくとは限りませんが，繰り返していくことが大切です。

(5) 助言が役に立った体験を積ませる

　思春期の子どもの課題のひとつは，問題への対処を自分で考え，自分で解決することです。このため，さまざまな課題において「中学生なんだから，自分で考えなさい」という指示が出されることと思います。しかし，キレる子どもは，指示されても，何をどうやって考えたらいいのか見当も

つかない，ということがあります。特に発達障害がベースにある場合には，こうした傾向が強くなります。

　大事なことは，場数を踏んで，どんな課題でもこなせるようにする……ではなく，困ったときに大人に相談し，その助言のもとに課題を解決できることです。大人は，失敗しても子どもを責めず，次にどうしたら良いかを一緒に考え

ます。複数の人間で問題を共有し，話し合ってもよいでしょう。そして，結果にかかわらず，本人の頑張りと意欲を肯定的に評価します。こうやって「大人に相談すれば，問題を一緒に考えてくれ，問題を解決できる」という体験を積ませましょう。

(6) 怒りへの対処法を教える

　思春期の子どもにも怒りに対する対処法を教えましょう。でも中高生に「怒りんぼ虫」は受け入れ難いかもしれません。例えば，「ブラック○○」はどうでしょう？

　「君は，普段は優しく親切なホワイト悟志くんだが，きっかけがあると攻撃的なブラック悟志くんに変身してしまう。今日はブラック悟志くんになった時の対応法を練習しよう」という形で，練習に導入します。

　手順は大人が落ち着く方法と同じです。

① 深呼吸をする

　腹式呼吸でゆっくり息を吸って大きく吐きましょう。吸うときと吐くときに1から5まで数えます。回数は3回程度で。

② 自分に言い聞かす（セルフトーク）

　あらかじめ，怒りを沈める時，自分に言い聞かす言葉を決めておきましょう。中学生なら，流行りの言葉を自分で考えさせるのが良いと思います。

　例：「なんくるないさー」「（長州小力風に）キレてないすよ」（古い？）など

③ その場を離れるかどうか判断する

　まずは，大きく深呼吸してみて，セルフトークしてみて，それでもキレそうなら，その場を離れましょう。それは自分で判断させます。相談室や保健室など行く場所をあらかじめ決めておくのは小学生と同じです。

④ クールダウンする

　その場を離れたところで，自分の望む好きなことをして，気分を切り替えましょう。本を読む，絵を描くなど，落ち着ける方法は，あらかじめ見つけて決めておきます。学校でできることは限られていますが，施設やフリースクールなど，それが許される場であれば，動画を観たり，ラインしてもいいでしょう（表5-1）。もちろん，これらに限らず，その子どもにあった方法があれば採用しましょう。

⑤ 振り返る

　中学生だとあからさまなポイント表には抵抗を示すかもしれません。ストレートに，怒ってしまった結果を振り返り，怒る前の状況や生じた結果を聞きます。怒りがプラスの結果を産まないことを再確認し，次回同じような状況になったら，どうするか話し合いましょう。

　逆にキレずに済んだのであれば，大いにほめてあげましょう。

（7）キレないコミュニケーションを練習する

　キレる子どもの思考は自己中心的です。なかなか他者目線に立てません。

表5-1 子どもがクールダウンする12の方法

- 水を飲む
- ほかの人に話を聴いてもらう
- 身体を動かす
- 絵を描く
- 本を読む
- 音楽を聴く

（以下は可能な状況なら実施）
- ジュースやお茶を飲む
- 好きなものを食べる
- ゲームをする
- TV・好きな動画を観る
- 大声で叫ぶ
- メール／ラインする

（医療機関を受診して医師から指示が出ている場合には，頓服薬を服用することもできます）

相談して解決する体験を積みながら，落ち着いている時に，他者目線に立ち，キレないコミュニケーションができるように練習しましょう。これにはセカンドステップの考え方（コラム参照）が有効です。

　セカンドステップで推奨される手順は，以下のとおりです。
　ステップ1：自分が怒りを感じる理由を言葉にしてみる
　ステップ2：落ち着く（深呼吸する，数を
　　　　　　数えるなど）
　ステップ3：相手の言い分を考えてみる
　　　　　　（あるいは思い出す）
　ステップ4：両者の中間で解決する方法を
　　　　　　できるだけ多くあげる
　ステップ5：チェックする。
　　　　　　チェックポイントは，次の
　　　　　　4つです。

① （心の面でも体の面でも）安全か？

② 自分と相手はどう思うか？

③ 自分にも相手にも公平か（どっちかが得や損をしない
か？）

④ それはうまくいきそうか？

ステップ6：実行してみて，結果はどうだったか確認する。

実際の場面で見てみましょう。

〈シーン12　パソコンを使う順番で友達と言い合いになりそうな場面　翼
13歳／中学1年〉

　学校で，翼くんがパソコンを使おうしています。そこに別の子が割り込
んできて「このあとの授業で使うプリントを作るよう先生に頼まれたから，
先に使わせろ」と言います。いつもならキレて言い合いになるところです。

ステップ1：自分が怒りを感じる理由を言葉にしてみる

　　　　　　→俺のほうが先に使おうとしていた。早い者勝ちだ

ステップ2：落ち着く

　　　　　　→ふー，深呼吸だ

ステップ3：相手の言い分を考えてみる（あるいは思い出す）

　　　　　　→あいつはこのあと授業で使うプリントを作らなきゃいけ
　　　　　　　ないから急ぐって言ってた

ステップ4：その両者の中間で妥協する方法をできるだけ多く挙げる

　　　　　　A．じゃあ，あいつがプリントをすぐ作って，終わったら
　　　　　　　　俺が，そのあと1時間，パソコンを使う

　　　　　　B．職員室の別のパソコンを使えるよう，先生に頼んでみる

ステップ5：チェックポイント（A案に関して）

① （心の面でも体の面でも）安全か？

→大丈夫。喧嘩にならない

②自分と相手はどう思うか？

　　→俺はちょっとガマンしないといけない。でも長くパ
　　　ソコンが使えるからいい。あいつだって，プリント
　　　が作れればいいはずだ

③自分にも相手にも公平か（どっちかが得をしないか？）

　　→お互い様だ

④それはうまくいきそうか？

　　→たぶんうまくいく！

ステップ６：実行してみる。結果はどうだったか？

　　→うまくいった！

　こうしたやり方は，SST としてグループで学習してもいいのですが，
日々の生活の中で，何度も繰り返し練習し，習得させましょう。

⚡ コラム5-3　セカンドステップ

　米国ワシントン州にある NPO 法人 Committee for Children（1979 年設立）
により，子どもが加害者にならないためのプログラムとして開発されました。
2001 年，米国教育省から全米百数十の暴力防止プログラムの中で"最も効果的
なプログラム"として表彰を受けています。子どもが集団の中で社会的スキルを
身につけ，さまざまな場面で自分の感情を言葉で表現し，対人関係や問題を解決
する能力と怒りや衝動をコントロールできる能力が向上するようにレッスンが計
画されています。子どもの中の暴力性・攻撃性を減少するのではなく，対人関係
能力・問題解決能力を増加することを目的としています。キレる子どもの特効薬
でなく，予防教育的な役割を果たします。日本では東京都品川区と大阪府泉佐野
市などで実践されています。

（セカンドステップを実践するためにはNPO法人日本こどものための委員会が開
催する講習を受ける必要があります。詳しくは同委員会 http://www.cfc-j.org/
にお問い合わせください）

まとめ

思春期の子どもは無意識のうちに自己愛を肥大させ，嫌いな人を価値下げし，仲間や恋人を作ることで自分を守ろうとします。キレる子どもはさらにこの傾向が強まります。

彼らに対する対応のポイントは，以下の7つです。

1. 強制的なことはできない
2. 信頼関係の形成に時間をかける
3. 肯定的なフィードバックを徹底する
4. I-message で気持ちを伝える
5. 助言が役に立った体験を積ませる
6. 怒りへの対処法を教える
7. キレないコミュニケーションを練習する

参 考 文 献

1) Mahler, M. S., Pine, F., Bergman, A.: The Psychological Birth of the Human Infant. Basic Books Inc., New York, 1975（高橋雅士，織田正美，浜畑紀訳：乳幼児の心理的誕生　母子共生と個体化．黎明書房，名古屋，1981）
2) 小此木啓吾，岩崎徹也，橋本雅雄，皆川邦直編：精神分析セミナー5　発達とライフサイクルの観点．岩崎学術出版，東京，1985.
3) Blos, P.：On adolescence. The Free Press, New york, 1962.（野沢英司訳：青年期の精神医学．誠信書房，東京，1971）

第6章 キレる子どもの親への支援

1. 親の理解と協力を得るために（支援者のスタンス）

　子どもがキレる過程を考えた場合に、親の発達特性や養育態度が影響していることは、第1章で述べたとおりです。実際、あなたの目の前にいる親御さんには、いろいろな"問題"が見て取れます。このとき、『ああ、親に原因があるな。困ったもんだ』と考えたとしたら、この時点から支援はつまずいています。その理解は親御さんに伝わり、親御さんの有形無形の抵抗が始まるからです。

　親御さん自身、結婚して子どもを産む前は、自分の親から不適切な養育を受けたのかもしれません。あるいは、親御さんの親にも発達特性があって、理不尽な思いをしたのかもしれません。目の前にある親御さんの問題は循環する"要因"のひとつであり、子どもがキレる"原因"ではありません。その見方は徹底しましょう。

　お母さんは『子どもがキレるのは私の子育てが悪かったんだ』と自責の念に駆られていることが多いものです。「いや、そんなことはない。キレる子どもの親は、自分のことを棚に上げて、周りを責めてばかりいる」と言われるかもしれません。確かに他責的な親御さんはいらっしゃいます。しかし、それは自分を責める気持ちの裏返しです。他責的な親こそ、心の中では人一倍、自分を責めているものです。犯人探しは止めましょう。

　お父さんは往々にして学校批判を展開しがちです。お母さんに対しては

気持ちを汲むことが大切ですが，お父さんには理論的に理解してもらうことが有効です。今現在，学校や施設で何が生じているのかを丁寧に説明し理解してもらいましょう。

夫婦間の問題が大きいときには，その解消を願いますが，どこまで踏み込むかは難しいところです。通常は，当事者に任せるのが無難です。もし介入を求められるようなら，両者から話を聞きましょう。離婚の決断は家族の問題ですが，支援者としては，直接子どもに関わることの多い，また親権を得ることの多いお母さんをサポートすることが重要です。既に離婚している家庭の場合，お母さんは経済的にも家族を支えなければならず，さらにこころの支援が必要になります。

2. 親を支える

子どもが荒れている家庭では，親御さん，特にお母さんの負担には相当のものがあります。そのお母さんを支えるのではなく，逆に「母親が怒るのが悪い」とか，「もっと子どもをしっかりしつけなさい」と問題を

指摘して指導することは，百害あって一利なしです。それよりも，お母さんに協力して，一緒にキレる子どもに対応しましょう。

まず，お母さんとの信頼関係を築きましょう。お母さんの訴え，不満，嘆きに耳を傾けます。第三者の目からは，けなしてばかり，怒りすぎ，きょうだいと差別している感じがする……など，対応のまずさに目が行くかもしれません。でも明らかな虐待が進行している場合を除いて，信頼関係が築けていると感じられるまでは，否定せずに話を聞き，努力をねぎらいましょう。子ども同様，気持ちの共有が重要なポイント。『ああこの人は私の味方だ』と思ってもらえることが大切です。信頼関係が築けたら，お母

さんを励まして，具体的な解決策を一緒に考えます。

　日本のお父さんは仕事が忙しく，学校や病院にはなかなか足が向かないものです。しかし，根気強く働きかければ，少なくとも1度は来てもらえるものでもあります。来てもらったら，その労をねぎらい，その上で，父親として何ができるかを一緒に考えましょう。お母さんに協力して子育ての一端を担ってもらえればありがたいですが，「それは忙しくできない」場合でも，最低限，お母さんをサポートしてもらうようにお願いします。

　養育の問題を抱えていてもいなくても，発達特性があってもなくても，いずれにしても不完全な人間です。Nobody is perfect！　完璧な親などいません。子どもが"条件なしの肯定"を求めているように，親御さんも，長所も短所もひっくるめて受け入れてもらうことを望んでいます。親御さんを支えることを通じて家庭の受容力を高めることができれば，キレる子どもの支援はかなり楽になります。

3. 親に伝えたい対応の基本

　親御さんにしてもらいたいことは，不適切な対応があれば修正し，親子の関係を改善することです。決して親御さんの性格を変えることではありません。また，よく「愛情不足」という表現がありますが，愛情は測れるものではありません。愛情は今のままで十分です。そこにこだわるよりも，対応方法を具体的に伝えましょう。それには，ペアレントトレーニング（ペアトレ）の考え方が有効です。詳細は，資料を参照していただくとして，ここでは概要を述べます。

　ペアトレの基本は，ほめることを中心に，怒らずに子どもの行動をコントロールすることです。そして，その目標は，子どもに『自分は大事にさ

れている』という感覚を持たせ，自尊心を高めることです。

　そのために，親御さんには子どもと同じ見方をして子どもの味方になってもらいます。原則は増やしたい行動をほめることです。叱責は行動を止めさせるときだけにとどめ，適切な行動を指導します。家の中では何事によらずルールを決めて，ガンバリ表を活用するなどの工夫をします。対決はなるべく避け，子どもがキレたときは，親子が物理的に距離を取ります。子どもが発達特性を持っている場合は，発達障害としての見方を徹底します。

　子どもに対して怒ることばかりにならないように，シェアタイムも勧めましょう。シェアタイムとは，子どもと一緒に楽しい気持ちを共有する時間です。無理に遊ばなくてもかまいません。特に思春期の子どもは，一緒に料理する，塾への送迎の車内で会話をするなど，さりげなく子どもとの時間を共有します。

　そういう話をすると「感情的に怒ってはいけないのでしょう？」という質問を受けることがあります。いえいえ。親御さんも人間です。感情にまかせて怒ることもあるでしょう。大人だから完璧……なんてありえません。もし，よくない対応をしてしまったと思ったら，謝ればいいのです。親が率直に誤りを認めることは子どもに安心と信頼をもたらします。

　キレる子どもに対応するには大変な労力と時間がかかります。困難を抱えながらも，親御さんは頑張っています。周りの大人は親を支えるサポーターになりましょう。うまく接することができたら，親御さんを思い切りほめてあげてください。

　ペアトレは，小児神経科，児童精神科の外来や，最近では市町村でも開催しているところがあります。親御さんの所属する市町村，発達障害者支援センターに問い合わせてみてください。

〈ケース6　親御さんを労い支えた　結衣　12歳／小学6年〉

　結衣さんは，幼少時より ASD，ADHD と診断され，小児科でフォローされてきた女児です。発達特性は強く，一方的なコミュニケーションとこだわり，衝動性から，ずっといじめにあっていました。学年が上がるにつれて，反抗したり暴れたりするようになってきたという主訴で私の外来を受診しました。

　発達特性の強い結衣さんの将来を案じるお母さんは，毎日つきっきりで勉強をみてあげていました。結衣さんは相手が母親だと甘えてしまうのか，言い合いになることが多いようでした。お母さんは「時には手を上げることもあります」と言われます。私からは「お母さんの心配はもっともですね。ただ，叩くのはよくないので言い争いになったら離れてください」と伝えました。素直なお母さんはそのアドバイスを実践し，次の外来では「娘との衝突は8割減りました」とうれしそうに報告しました。

　ある面接で，お母さんは「娘と大喧嘩しました。ママの完璧を自分に押しつけないで！　と言われて，ショックでした」と涙し，「こんなに頑張っているのに誰も私をほめてくれない」と嘆きました。その言葉に私ははっとしました。『どうして発達障害の子どもをほめろと言いながら，その親をほめないんだろう』と。それからは，毎回必ず，お母さんの話を聞いた上で頑張りをほめるようにしました。

　別の回では，お母さん自身の子ども時代が語られました。

　「父母は早くに離婚し，私は祖母に育てられました。祖母は真面目で頑固で，長女だからとそれはそれは厳しく躾けられました」「だから私も頑固なんです。みんな私の問題です」と泣きました。私が，「お母さんが中学生の時，母親にはどうして欲しかったですか？」と聞くと，お母さんは「頑張っている自分をほめて欲しかったです。せめて，結果が出たら認めて欲しかった」と答えました。私は，「今のお母さんは，十分それをしてあげていますね」と言葉をかけました。

4. 親のための子育てのヒント

子育て中によくある場面での対応の工夫を挙げてみました。こうした場面で親子の緊張が高まり、キレたり逆ギレされることが多いものです。親御さんへの助言の参考にしてください。

(1) 勉強をやらせる

「勉強しなさい！」はお父さんお母さんの決まり文句ですね。勉強をやらせたいというのは、親御さん共通の思いではないでしょうか？

ただ、キレる子の場合、勉強は苦手なことが多いものです。まず、目標を"勉強する"から"宿題をやる"に引き下げましょう。高

すぎる目標はやる気をそぎます。次に、宿題をする時間を決めます。学校から帰って遊ぶ前、学童保育の時間、夕食後でテレビを見る前など、宿題をする時間はなるべく一定にします。ただし、遊んでから宿題、あるいはTVを観てから宿題、という順番は基本的には良くありません。頑張った後に楽しいこと、という方が道理にかなっています。

次に、宿題をする環境を整えます。TVのあるリビングや居間で勉強するのは、あまり好ましくありません。子どもが勉強している横で、笑い声がしたり、きょうだいが遊んでいるのは集中を妨げるからです。また、机の上には鉛筆、消しゴム、参考書、辞書など、必要なものだけ置き、ほかのものは置かないようにしましょう。

宿題を始めたら必ず見に行ってほめましょう。開始後15分程度が目安です。宿題をやることを当たり前ととらえずに、まずは取り組んだことをほめてあげます。宿題の内容をみて、一緒に見直したり、わからないことを教えてあげたりしましょう。やる気を出さない、覚えられない、正しく

ないことを叱らないでくださいね。自分が子どもの時を思い出しましょう！

どうしても家で宿題ができない子は，先生に頼んで放課後学校でやらせてもらったり，宿題の量を加減してもらいましょう。

（2）きょうだいげんか

きょうだいげんかも親御さんの頭を悩ませる問題です。よくあるのは，下の子が泣いて親御さんの元へ行き，怒った親御さんが，「お兄ちゃん（お姉ちゃん）だから」という理由で上の子を怒るというパターンです。しかし，これをやると親が観ていないところ

でのいじめを助長します。まず，2人の言い分を聞きましょう。大抵の場合，上の子のほうが弁が立つので自分を正当化することに注意します。大事なことはどちらが正しいかを判定することではなく，2人の気持ちを受け止めることです。「叩かれて痛かったね。ただ，ゲームを邪魔されてお兄ちゃんも嫌だったと思うよ」と，親御さんが感じたことを伝えてください。

もし，罰を与えるのであれば，よほど一方的な状況でない限り，双方に与えます。『下の子にとって，泣かされた上に罰を与えられるのは理不尽ではないか？』と思うかもしれませんが，白黒はっきりしないのがきょうだい喧嘩。その頻度を減らすためには，双方が，『けんかをしたら必ずよくないことが起きる』と思わせる結果が必要です。すなわち喧嘩両成敗です。もちろん，仲直りできたら，しっかりとほめてあげます。

（3）ゲームの約束を守らせる

今どきの男の子を持つ親御さんは，子どもに勉強させる以上に，ゲームにまつわる約束を守らせることに苦労しますね。実は私は子どもにゲーム

を買い与える必要はないと思っています。パズルや街を作るといったゲームもありますが，昨今流行っているのは，敵や怪物を倒すゲーム。毎日何かを殺す作業をさせ続けることが，子どもの心の成長に与える弊害について，日本人はもっと真剣に考えるべきだと私は思っています。

　それはさておき，子どもにねだられれば，ゲームを与える親御さんは多いと思います。せめてゲームソフトの年齢制限は守りたいものです。
　ゲームを買い与える時には，ゲームをやり過ぎないようにと，どの親御さんも約束させると思いますが，子ども任せにしておくと，約束したゲーム時間は必ず破られます。ゲームというものは，熱中すればするほど，ゲーム以外のことは忘れてしまい，いつでもゲームが優先されるように作ってあります。初めが肝心です。小さいときから必ず時間を管理し，守らなければ次の日のゲーム時間を減らす，あるいは，翌日はやらせないなど，最初に約束した時間を守り通す覚悟が必要です。「ゲームをしていればおとなしいから」などと，小さいときは自由にやらせて，中学生になって「受験があるから」などと，急に時間を制限しようとしてもあとの祭りです。
　それでは，時間を守らせてこなかった，思春期の子どもを持つ親御さんはどうしたらいいでしょうか？　それには仕切り直しが必要です。幸い，ゲームは一定の間隔で新しいソフトが欲しくなります。新しいソフトを買い与える時がチャンスです。「これからはゲーム時間を守らなければ，ソフトは回収する」という約束をしっかり交わし，今度こそ約束を守ることを徹底しましょう。ただし，きっちり時間で終了するのは難しいものです。「終了時間を過ぎたら新たなステージには入らず，そのステージをセーブしたら終わる」約束をお勧めします。それで延長するのはせいぜい10〜15分程度ですし，その方が子どもは受け入れやすいものです。

　昨今は自分がゲームをして育ったという親御さんも多いですね。親子が

一緒にゲームをして楽しむのも悪くはありませんが，子どもにゲームを我慢させているそばで，親御さん（特に父親）がゲームしていては，子どもが言うことを聞くわけはありません。子どもがゲームできない時間は親御さんもやらないようにしましょう。

　ゲームを，勉強やお手伝いのご褒美とするアイデアもあります。最近はゲームの時間やWifiの接続時間を制限するアプリもあります。いずれにしても，子どもの意向を無視して強引に決めるのではなく，子どもと十分話し合い，約束をして実行します。そして，約束が守れたら必ずほめてあげましょう。

(4) 嘘への対処

　嘘に対して日本の文化は厳格です。「嘘は泥棒の始まり」ということで，厳しく怒る親御さんは多いと思います。ところが，カナダのマギル大学の研究チームは，嘘をめぐる興味深い実験結果を発表しています[1]。

　実験の対象は4歳から8歳の子ども372名です。おもちゃを子どもの後ろのテーブルに置き，「後ろを見てはいけないよ」と伝えた後，1分間その子を1人にしておきます。その後，部屋に戻った研究者が，後ろのおもちゃを見たかと尋ねるというものです。

　その結果，
・1人になったとき，背後のおもちゃを見た子どもは全体の67.5%
・そのうち，研究者に「見ていない」と嘘をついた子どもは，66.5%
となりました。さらに，嘘をついている子どもたちに対し，厳しく怒った場合と，「正直に話した方がいいよ」と諭した場合では，諭された方が，その後，嘘をつく確率が低くなったというのです。つまり，子どもは嘘をつくものだし，嘘を怒れば怒るほど，子どもは嘘をつくようになるという

ことなのです。

　困るのは、嘘をつくのが癖になっている子どもです。どんなことでも嘘をつく。それも見え透いた、明らかに嘘だとわかる嘘をつく子どもがいます。証拠があっても、見ていた人がいても、しらを切ります。私は不思議に思い、ある時こうした子どもに「あとからバレたら余計に怒られるのに、どうして嘘をつくの？」と訊いてみました。すると「嘘をついたのがバレて怒られる回数より、嘘をついて怒られなかったことのほうが多いから」だと答えました。やはり、彼らはなんとか怒られることから逃れたいのです。

　こうした嘘をつく癖を治す原則は、なにしろ怒らないことです。人に迷惑をかけ、明らかな嘘は正しますが、証拠のない嘘は罰しません。「おかしいね」「不思議なことがあるものだ」という理解を伝えるに留めます。そして、「正直な人になってほしい」「嘘をつかれるとお母さんは悲しい」という願いを根気強く繰り返し伝えていきます。

　正直に打ち明けたらその正直さをほめます。正直に話したら怒られたり罰せられたのでは、子どもはまた元に戻ってしまいます。正直に話をしたら必ず子どもが得をするようにしましょう。

(5) 親が怒りをコントロールする

　親御さんにも怒りをコントロールしてもらいましょう。詳しくは第3章の"大人も怒りをコントロールする"（p.56）をご覧ください。

　但し、押し売りは厳禁。あくまでも「怒りすぎてしまうけど、どうしたらいいでしょうか」と訊かれたら、ノウハウを伝えてください。

5. 困った親への対応

　キレる子どもを支援する時，支援者が困ることのひとつに親御さんへの対応が挙げられます。いわゆる"困った"親への対応です。

　でも，"困った"親御さんは"困っている"親御さんです。ここでは，支援者が困る親のパターンを3つ挙げ，前項で述べた信頼関係を築いた上での対応について説明します。

(1) こだわりが強い親

　親御さんの中には，こだわりが強い親御さんがいらっしゃいます。こだわりとは「○○でないと気が済まない」という傾向です。こうした方は，予定の変更や予期せぬ出来事でイライラしたり怒り出したりします。自分だけでなく，周りの人にもこだわりを押し付けます。

　こだわりが強い親御さんは，自分の意見を客観的論理によって修正することが困難です。自分の言いたいことだけを話し，他人の意見に耳を傾けません。

　このような親御さんにはどのように対応したらいいでしょうか？

　まず，その意見は十分に聞く必要があります。「○○くんのことを一番わかっているのはお母さんです。まずお母さんの意見を聞かせてください」と持論を聴きます。話を十分聞いた上で，育児や子育てをする中で，うまくいっていない点を聴きます。両者を考え合わせて，なぜその方法ではうまくいかないのかを一緒に考えます。そして，別のやり方を，また一緒に考えます。理解力に応じた言葉を使うか，図やイラストを用いて簡潔に伝えることが重要です。

　例えば，「口で言ってわからなければ，体で覚えさせるしかない」と体

罰を容認している親御さんがいたとします。そういう場合，上手くいかない点としては，例えば，「妹が自分の言うことを聞かないと，親と同じように妹を叩く」ということが挙がったとします。そこで，暴力の連鎖についての理解と，怒らずに行動を修正する方法について，できれば図を用いて説明します。

　もし，「絶対に自分のやり方が正しい」と言い張る親御さんであれば，少々遠回りに思えても，その方法を取り入れましょう。この時，コツは期限を決めることです。期限が来たら，効果を検証し，うまくいっていない場合には，「あまりうまくいきませんでしたね。それではこうしてみてはどうでしょう」と，こちらの方法を提案します。

（2）攻撃的な親

　子どもに対しても他人に対しても易怒的，他罰的で攻撃的な親御さんがいらっしゃいます。対人関係が一方的で，複数の関係する人間とトラブルを起こし，かつ，トラブルの原因を他人のせいにしがちです。

　このような親御さんにはどのように対応したらいいでしょうか？

　まず，攻撃的な親御さんは攻撃されてきた人だということを理解しましょう。おそらくは，自分の親から怒られたり，非難されて育ち，それに同一化して攻撃的になっている場合が多いと思います。ですから，対応の原則は非難したり攻撃しないことです。「だめですね」「努力が足りない」など，否定的な言葉は NG です。また，どんなに無礼な態度でも受け流し，正面からぶつかったり，言い争いに巻きこまれないようにしましょう。

　けれども，何でも相手の言い分を飲めと言っているのではありません。I-message を用いて，「それは学校（施設）としては困ります」「そんなふうに言われると，私は切なくなります」と立場や気持ちは伝えましょう。

さらに！　しばらくは子どもに対する攻撃的な言動には目をつぶり，親御さんのよい行動，攻撃的ではない対応をほめて意欲を引き出し，そういった行動や対応を増やすことを目指します。

気持ちの余裕がなければ，誰でも攻撃的になりやすくなるものです。例えば，休日は母親の代わりに，父親が子どもを釣りに連れて行く，平日の放課後はデイサービスを利用するなど，家族内外の人間が交代してキレる子どもに対応する仕組みを作り，お母さんが余裕を持てるよう支援しましょう。

(3) 精神障害をもつ親

統合失調症，知的障害，人格障害などの精神障害をもつ親御さんは，能力的に子どもの世話がうまくできません。ネグレクトなど虐待的養育を起こすこともあります。特に，自身に被虐待体験があれば，虐待の連鎖の危険が高まります。また，情緒が不安定になると，自分勝手に子ど

もを可愛がったり叱ったりして親子関係が安定しなくなります。子どもを依存対象にして，子どもが自己主張すると親御さん自身が不安定になる方もいらっしゃいます。

また，親御さんにうつ病があれば，子どもに関心が向かなくなり，適切なケアが遅れたり，欠けることがあります。逆に焦燥感といらだちが強まり，子どもに当たり散らすこともあります。同時に，母親失格だと自分を責めることも起こります。薬物乱用やアルコール依存の併存もあり得ます。

精神疾患やトラウマを持つ親御さんに対する治療は専門家に任せるのが一番です。支援者は親御さんのこころの傷を治すのではなく，親御さんの育児に対するパワー不足を助ける役を担います。親御さんがどこまででき

るのか見極め，親御さんの役割と支援者の役割，できることとできないことの境界をはっきりさせます。また，実家の協力を仰げないか，里帰りができないかなど，親御さんが休める環境を作りましょう。関係機関と連携し，学童保育，放課後等デイサービス，市町村の子育て支援など，地域支援も動員します。

こうした特徴を持つ親御さんが，医療にかかっていない場合，精神科受診を勧めることになりますが，誰が受診を勧めるかは微妙な問題です。まだまだ精神科や精神障害に対する偏見は根強く，受診を勧めたことでせっかく築いた信頼関係が一気に崩れることも珍しくありません。このため，市町村の支援課や児童相談所の担当者，保健師など公的機関の職員が提案する方が無難だと思います。どうしても支援者が勧めざるをえない場合には，親御さんの困りごとを聞く中で解決策の1つとして控えめに提案しましょう。

まとめ

キレる子どもをもつ親御さんにしてもらいたいことは，不適切な対応があれば修正し，親子の関係を改善することです。決して親御さんの特性や性格を変えることではありません。それには，ペアレントトレーニングの考え方が有効です。

困った親御さんは困っている親御さんです。支援者は親と信頼関係を築いた上で親御さんをしっかり支え，協力して支援にあたりましょう。

引 用 文 献

1) Victoria Talwar, Cindy Arruda, Sarah Yachison.：The effects of punishment and appeals for honesty on children's truth-telling behavior. Journal of Experimental Child Psychology, 130：209-217, 2015.

第7章 キレる子どもの医学的理解

　第7～9章では，キレる子どもを診療する小児科や児童精神科のスタッフのために，彼らの医学的理解と治療について解説します。

1. 反抗・反社会的行動の医学的位置づけ

　ある程度他者の意思を拒絶したり大人に反抗することは，子どもの精神発達において正常でも認められる現象です。こうした反抗的行動は，特に2～3歳頃と思春期において顕著になります。一般に言う反抗期です。幼児期の反抗的行動は，子どもが親から身体的に分離し，自立した人間として活動を始めるために [1]，思春期の反抗的行動は，親から心理的に分離し，自律した人間として同一性を獲得するために [2]，重要な役割を果たすと考えられています。

　このような正常に認められる反抗とは異なる，より極端な反抗的行動は，反社会的行動との関連で古くから注目されていました。しかし，明確な定義付けがないために"反社会的行動をとる子どもは反抗的"という常識の中に埋没していたと思われます。

　20世紀に入ると，精神医学は徐々に体系付けられていきます。そして，精神疾患の診断統計マニュアル（Diagnostic and Statistical Manual of Mental Disorders；DSM）や国際疾病分類（International Classification of Diseases；ICD）といった国際的に統一された診断基準が登場します。しかし，それらが一般的となる以前に反社会的行動を論じる際には，delinquency（非行）や police contact, arrest（補導・逮捕）といった司

法領域の概念が用いられていました。非行は「（正しい）行いに非ず」と書くように，正常では認められないものです。でも，「何が正しいか」は，国や地域によって考え方がさまざまであり，同じ行動であっても適合したりしなかったりする曖昧さを有しています。例えば，子どもがどのくらい「非行」行動をとるかといった調査を行った場合，その定義は，調査や国によってまちまちであり，客観的な比較は容易ではありませんでした。

　こうした状況に変化を生じさせたのが，1980年DSM-Ⅲに登場した反抗性障害や行為障害という概念です[3]（その後，診断基準や名称が修正され，現在のDSM-5[4]では，反抗挑発症，素行症となっています）。これらの概念の導入によって，反抗的心性や反社会的行動を語る際の基準が明確になり，客観的かつ科学的議論が可能となったのです。

　まず，症例を提示し，キレる子どもの医学的位置づけについてお話ししていきましょう。

2. 反抗挑発症の診断

〈ケース5　青年期の素行症へと発展した　翔　13歳／中学1年（再掲）〉

　翔くんは父母兄弟との5人家族です。親族の精神障害，物質依存や犯罪歴の既往はありません。

　妊娠分娩には異常ありませんでした。言語発達は平均より半年ほど遅れ気味でした。幼少時より活発で，興味を引かれると引かれた方に行ってしまい，ほかには目が向かない傾向がありました。小さい時から言い出すと聞かない頑固な子だったため，両親は頭ごなしに怒ることが多かったそうです。4歳から保育園に入園しましたが，興味がないことはやろうとせず，集団行動がとれないために，たびたびトラブルを起こしました。

　小学校に上がっても授業を座って聞くことはできず，たびたび席を離れては先生に注意されました。集中時間は短く，一つのことを続けられるのは10分ほどでした。連絡ノートを書かない，宿題はやらない，自分の部

屋は散らかしっぱなし。約束したことも守れない子だったので，父母はいつも厳しく叱りつけました。それで反省を口にするのですが，同じことを繰り返すので，また叱られるという悪循環でした。

　学年が上がるにつれて，翔くんは次第に反抗的になっていきました。特に3年生になり担任が代わってクラスが荒れると，翔くんは先頭に立って反発しました。家でも「部屋を片づけなさい」などと母親が注意すると「うっせえクソババア」と罵るため，親子喧嘩が絶えなくなりました。明らかに自分に非があることでも謝らず，他人のせいにするため，父親は翔くんを殴ってしつけたといいます。

　5年生に入ってもこうした傾向が続いたため，近在の小児科医を受診。そこでADHDと診断され，メチルフェニデートの投与が開始されました。新しい担任には翔くんもなつき，反抗的な言動も影を潜め，小学校を卒業しました。

　けれども中学に入学すると，「自分は普通だから」と服薬を拒否しました。その後，落ち着きがなくなり，再び反抗的態度を示すようになりました。授業を抜け出して保健室で過ごし，隠れてタバコを吸いました。些細なことからカッとなり，気にくわないといきなり殴ったり，蹴飛ばすこともありました。教師が注意しても「やってない」と平然としらを切り，それでも追及されると，逆ギレし，教師に殴る蹴るの暴行を加えました。

　2年生からは病院への通院も拒否し，反抗的行動もさらにエスカレートしました。自転車で校内を暴走し，制止した教師に暴力を振るいました。深夜，無人の学校に侵入し，文具などを持ち出しました。万引きも頻回となり，店員に捕まると暴言を吐きました。自転車・バイク盗，無免許運転で数回補導されました。父母が注意しても，逆に興奮状態となって暴力を振るうし，何度警察で説教されても，こうした行動は収まりませんでした。

　親と学校は危機感を募らせ，7月，児童相談所に相談し，勧められて私の外来を受診しました。

翔くんに特徴的なことは，発達障害をベースに小学校入学前後から大人に反抗的となっていることです。こうした状態はDSM-5に基づけば反抗挑発症と診断されます。

DSM-5による反抗挑発症の本質的特徴は，「頻回で持続する怒りやイライラした気分，好戦的／挑発的行動，あるいは執念深さといった行動様式」であり「典型的には重篤な特性が少なく，人や動物への攻撃性，所有物の破壊，強盗や詐欺を含まない。さらに，素行症には含まれない，感情の調整不全（怒りやイライラした気分）の問題を含む」とされています。

診断基準には，

1. 怒りやイライラした気分：かんしゃくを起こす，イライラする，怒る

2. 好戦的／挑発的行動：権威ある人や大人と口論する，要求や規則に反抗したり拒否する，わざと人をいらだたせる，自分の失敗や不作法を他人のせいにする

3. 意地悪で執念深い

という3つのカテゴリーの8つの行動が挙げられています。これらの行動が，きょうだい以外の人間との関係の中で，5歳以上なら週に1回以上，少なくとも6カ月間にわたって，4つ以上認められるときに，診断される規定になっています。

反抗挑発症診断の一番難しいところは，その行動が診断基準を満たしているかどうかの判断です。DSM-5になって，反抗的行動の持続や頻度が明記されましたが，それでも「この頻度の基準は，症状を規定する頻度の最低基準についてのガイダンスを示すものであり，その行動の頻度や強さが，個人の発達水準，性別，文化に対して正常と思われる範囲を逸しているかどうかといった，他の要因も考慮されるべきである」という注釈もついています。つまり，最終的には個々の医師の判断に委ねられているわけで，やはり客観性を担保するのは難しいことです。子どもを病院に連れてくる親は，子どもの反抗に辟易していることが多く，親の意見だけで正常

第 7 章　キレる子どもの医学的理解　115

表 7-1　反抗挑発症の総合的診断

1. 親から詳細な生育歴を聴取する
2. 教師から学校での様子について情報を得る
3. 少なくとも 2 つの異なる場面（例えば診察室と待合室，心理検査場面）において観察を行う
4. 各種の心理検査（特に PF-study，HTP）から反抗の度合いを評価する
5. 各種の評価尺度（CBCL；Child Behavior Check List，ODBI；Oppositional Defiant Behavior Inventry）から反抗の度合いを評価する

範囲を逸しているかどうか判断するのが難しい場合もあります。逆に学校ではとても反抗的でも，家では大人しいこともあります。

　これに対してはなるべく多くの関係者から情報を得ることと，客観的指標を取り入れることが大切です。すなわち，**表7-1** に示した手順によって，子どもの反抗や挑発の度合いを総合的に判断するのが良いと思われます。

3.　素行症の診断

　翔くんは反抗挑発症と診断され，治療・支援を受けたことによって，小学校高学年は問題なく過ごしました。けれども中学に入り治療が中断したことで ADHD 症状が増悪し，反社会的行動が始まりました。翔くんに認められた他人に対する暴力，建物への無断侵入，人をだます嘘，万引きや恐喝，怠学，街を徘徊するなどの反社会的行動は，DSM-5 によれば素行症と診断されます。

　DSM-5 による素行症の定義は「他人の基本的人権または，社会的規範を侵害することが反復し持続する行動様式」です。診断基準には，

1. 人や動物に対する攻撃性：いじめ・脅迫，身体的な喧嘩，武器の使用，リンチ，動物虐待，強盗，強姦
2. 所有物の破壊：放火，器物破損
3. 嘘や窃盗：不法侵入，人を騙す嘘をつく，窃盗

4. 重大な規則違反：夜間の外出，無断外泊・家出，怠学

という4つのカテゴリーの15の行動が挙げられています。これらの行動が1年間に3項目以上認められると素行症と診断される規定になっています。また，10歳を境に小児期発症型と青年期発症型に分類されています。

　まとめると，素行症とは，慢性的で多岐にわたる反社会的行動を呈する状態と言い換えることができます。反抗挑発症とは異なり，こうした行動は通常の発達ではあまり認められないものであり，判別は容易です。ただし事実が隠ぺいされていることも多いので，親だけでなく，教師，児童相談所など複数の情報源から情報を集めるべきでしょう。

　素行症が導入された当初は，従来の「非行」との異同が話題になりました。この点について野村は，「行為障害という概念は非行・犯罪に比べて広い概念であるが，少年少女の非行犯罪のすべてを含むわけではない」と説明しています[5]。その生い立ちを考えれば素行症と非行が重なり合うことは当然です。筆者が行った調査によれば，反社会的行動によって児童自立支援施設[注1]に入所した児童64名中57名（89.1%）が素行症と診断されました[6]。

4. 反抗挑発症，素行症の疫学

　表7-2に，これまでに欧米のcommunity sampleを対象とした疫学研究の結果を示しました[7]。各研究はサンプルの取り方などによって値が異なっていますが，DSM-5の解説によれば，反抗挑発症の有病率は約3.3%（1〜11%）と推定されます。小児期では男女比は4:1と男児に多いですが，青年期以降は性差はなくなります。素行症の有病率は約4%（2〜10%以上）と推定され，女性よりも男性で多いと言われています[4]。なお，我が国においては反抗挑発症／素行症の大規模な疫学調査は行われていませ

───────────
注1) 14歳以下の反社会的行動をとる，あるいはそのおそれのある児童を矯正する施設

第 7 章　キレる子どもの医学的理解　　117

表 7-2　コミュニティーサンプルにおける反抗挑発症・素行症の疫学

著者	調査年	年齢	反抗挑戦症（%）		素行症（%）	
			男児	女児	男児	女児
Cohen et al.	1993	10-13y	14.2	10.4	16	3.8
		14-16y	15.4	15.6	15.8	9.2
		17-21y	12.2	12.5	9.5	7.1
Feehan et al.	1994	11	3.6	2.1	2.6	0.8
Loeber et al.	1998	7	2.2		5.6	
		11	4.8		5.4	
		13	5		8.3	
Costello and Angold	1998	9-15y	4.5	2.5	4.8	1.2

ん。

　反抗挑発症／素行症は決して稀ではなく，身近な問題なのです。

5.　素行症のリスクファクター

　表 7-3 に，素行症のリスクファクターを示しました[8, 9, 10]。これらは，遺伝に代表される生物学的要因と養育を主とする心理社会的要因，そしてその両者が関与する要因に分けることができます。

　順に見ていきましょう。

〈生物学的要因〉
（1）遺伝や胎内環境

　遺伝子のゲノム研究からは，いくつかの候補遺伝子が挙がっていますが，いずれも再現性は証明されていません[11]。一方，双生児と養子研究のメタ解析において，Mason と Frick は，遺伝の寄与率はおよそ 50% であることを見出しました[12]。また，遺伝と環境の相互作用に関する研究は，

表7-3 素行症のリスクファクター

A. 生物学的に規定 されると考えら れる因子	・遺伝／男性 ・神経伝達物質の異常 ・多動／衝動性 ・低い知能や言語機能 ・実行機能の障害
B. 心理社会的因子	・貧困な親機能（一貫しない／乏しい監督，体罰／厳しいしつけ， 　拒絶，虐待，養育者の交代や施設入所など） ・混沌とした家族機能（夫婦間の不和や葛藤，夫婦間暴力，離婚， 　シングルマザーなど） ・親の物質乱用や精神障害（特に父親のアルコール依存，母親 　のうつ） ・劣悪な社会経済状況 ・通常の友人からの拒絶／反社会的な仲間
C. 両者が関与して いる因子	・気質（特に刺激に対する敏感さや頑固さ）や攻撃性

素行症の遺伝的要因がよりハイリスクの環境を選択することに寄与すること，逆に環境的要因が，素行症の遺伝的要因の重要性を高めたり，候補遺伝子をメチル化することを明らかにしています[11]。

　一方，胎内でのアルコールや薬物，鉛などの毒物への曝露も，素行症の展開への関与が疑われています。それらは認知機能障害を介して間接的に素行症に貢献していると考えられています[9]。

(2) 神経伝達物質の異常

　神経伝達物質の異常としては，セロトニンの異常が数多くの研究で指摘されています。Kruesi ら[13]は，破壊的，身体的攻撃性が強い子どもは中枢神経でのセロトニン（5-HT）濃度が低いことを見出しました。Halperinら[14]は中枢のセロトニンレベルを評価する Fenfluramine チャレンジテストを用いて，身体的攻撃性を持つ7〜11歳の ADHD 児は，そうでないADHD 児と比較して中枢のセロトニンレベルが低いことを示しました。

21歳の一般人口を対象とした調査では，男性における血中セロトニン濃度は，過去の，そして生涯にわたる違法な暴力と関連していたそうです。一方，非攻撃的な素行症行動とセロトニンの関連は指摘されていません。これらの研究から，衝動的攻撃性の背景にはセロトニン作動性神経系の低活動が関与していると考えられています[10]。

けれども，セロトニンは攻撃性を亢進させる場合もあることや，SSRIが攻撃性を抑制的に作用するだけでなく亢進させることも報告されており，セロトニンの役割はいまだ不明確な面もあります[15]。

ドーパミン神経系は，意思決定，意欲，認知機能などに関連していることや，衝動的行動を包含するADHDに関連することから，攻撃性に関与していることは明らかではあるものの，詳細は明らかにはなっていません[15]。

（3）多動，衝動性

多動や衝動性は，反社会的行動と最も相関が高い要因であり，ADHDと素行症の密接な関係は，多くの研究者が指摘しているところです。複数の疫学研究によれば，ADHDの30％から50％が反抗挑発症を，25〜32％が素行症を合併していたと報告されています[16, 17]。

図7-1は平成22〜25年度に信州大学医学部附属病院を受診しADHDと診断された71例中，併存障害をもつ53例の内訳です。筆者が児童自立支援施設の嘱託医をしている関係で素行症の割合が多いですが，先行研究[18]とほぼ同じ構成と考えられます。

図7-2は，同じく同病院のASDと診断された218例中，併存障害をもつ127例の内訳です。これらの調査から，少なくとも病院を受診する発達障害の子どもたちの中には，反抗挑発症や素行症といった併存症が一定の割合で存在することがわかります。

逆に素行症の中にはどのくらい，発達障害の子どもがいるのでしょうか？

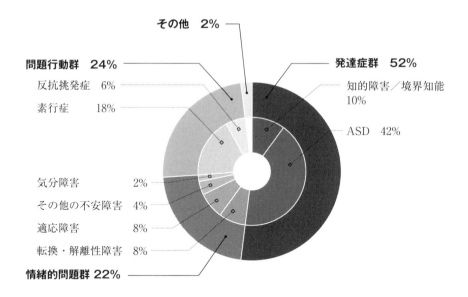

図7-1　H22〜25年度に信州大学子どものこころ診療部を受診したADHD71名中，併存症を認めた53名の内訳

　Offordらは，素行症の35％はADHDを合併していたと報告しています[19]。私が国内で行った調査[6]では，対象となった18歳以下の素行症児57名中，26名（46％）がADHDを，12名（21％）が広汎性発達障害[注2]を併存していました（重複あり）。ADHDの併存は欧米のデータを追認するものでしたが，広汎性発達障害が併存している素行症も少なからず存在することが確認されました。

　このように，ADHDをはじめとする発達障害は反抗挑発症／素行症との関連が深いのですが，第1章で述べたように，発達障害そのものよりも，その要素である衝動性の影響や，その養育の難しさがリスクであると，私

注2）広汎性発達障害とはASDのDSM-IVまでの名称です。海外で素行症の併存症としてASDが取り上げられない理由としては，日本と海外での発達障害に対する視点の違いが一因として考えられます。

第7章 キレる子どもの医学的理解　121

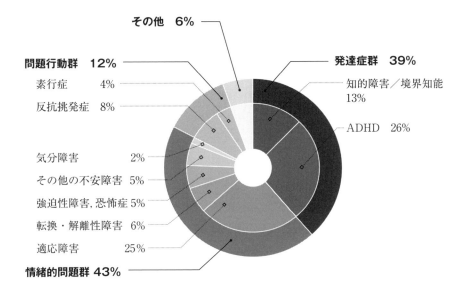

図7-2 H22～24年度に信州大学子どものこころ診療部を受診したASD218人中，併存症を認めた127名の内訳

は考えています。

（4）実行機能障害

　併存する発達障害だけでなく，素行症単体についても，実行機能障害の関与が推定されています。実行機能とは，目的を達成するために適切な問題解決を図る神経認知的処理能力のことです。近年，この実行機能を熱い実行機能（Hot Executive Function；Hot EF）と冷たい実行機能（Cool Executive Function；Cool EF）に分けた考え方が提唱されています[20]。

　Hot EFは，感情的な認知処理，すなわち，情緒処理や感情的に行動を選択する機能に関連します。これらを司る脳領域は，扁桃体，前帯状皮質，島，眼窩前頭皮質です。Cool EFとは，問題解決的行動や自己制御に関連します。行動の抑制，計画の立案，認知のシフト（柔軟性）など，問題の

解決を創造的に生み出す能力です。これらを司る領域は，背外側前頭皮質と小脳です。ADHD の病態としては，実行機能及び報酬系という 2 つの経路の障害である dual pathway model が有名ですが[21]，ADHD における実行機能障害として重要視されているのは，Cool EF です。

　一方，Noordermeer らは 12 の構造的 MRI と 17 の機能的 MRI の所見をメタ解析しました[22]。彼らによると反抗挑発症／素行症は，ADHD の併存にかかわらず，主に Hot EF を司る両側扁桃体，両側島や右線条体，左中／上前頭回と左楔前部において，容積が小さいか，活動性が低下しているという結論が導かれました。特に扁桃体の異常は，ADHD と比較しても，反抗挑発症／素行症に強い相関を認めたといいます。一方，楔前部を除けば，背外側前頭皮質や小脳のような Cool EF に関連する部位の異常にはエビデンスが認められなかったそうです。このことと dual pathway モデルを考え合わせると，反抗挑発症／素行症に，より本質的な実行機能障害は Hot EF の障害であり，それが Cool EF の障害と重なると，さらに重症化すると推測されます。

（5）低い知能，低い言語機能

　実行機能障害のほかに，神経心理学的には，低い知能や言語機能も反抗挑発症／素行症のリスクファクターとして挙げられています[8, 9, 10]。ただし，低い知能や言語機能は，学業成績の低下を介して素行症の展開に貢献すると言われています。逆に，素行症行動は学業成績を低下させ，成人まで素行症を持続させると言われています。これに ADHD が併存すると，さらに学業の失敗を強化し，成功体験の欠如と破壊的行動との負のスパイラルに陥ります[9]。

〈素行症の心理社会的要因〉

　一方，家庭環境や仲間関係などの心理社会的要因は，かねてより反社会的行動を生じる原因として重視されてきました。

（1）親機能の問題

　親機能の問題として，暴力（体罰／身体的虐待）やネグレクトは，素行症やのちの反社会的行動に先行する2大要因と言われています。そのほかの親機能の問題としては，一貫しない養育，監督や関心の欠如や拒絶，養育者の交代（例：親から祖父母へ）や人生早期の施設入所が挙げられます[8, 9, 10]。

　こうした養育の問題は，脳の機能だけでなく構造にも影響を与えると言われています。友田は，虐待を受けた子どもの脳において，単独の被虐待体験は一時的に感覚野（視覚野や聴覚野など）の容積変化を引き起こすが，より多くのタイプの虐待を受けると，海馬や扁桃体などの大脳辺縁系の容積減少を引き起こすことを報告しています[23]。

（2）家族機能の問題

　家族機能の問題としては，両親間の葛藤や暴力，離婚やシングルマザー，大家族，親の精神障害（父親のアルコール依存，母親のうつ）が，リスクファクターとして挙げられています。劣悪な社会経済的状態，すなわち貧困も素行症のリスクファクターです[8, 9, 10]。

（3）仲間関係の問題

　反抗挑発症／素行症の子どもの仲間関係に関しては，まず，その子どもの持つ攻撃性や社会的スキルの乏しさから社会的に偏りのない仲間からの拒絶が起こります。次に偏りが強く，反社会的な仲間との関係が発展します。つまり二重の問題が生じるのです[9]。

　偏った仲間の影響は小児期発症より青年期発症の素行症でより明らかだと言われています。しかし，小児期発症でも偏った仲間に入っていれば，青年期においても反社会的行動は継続していきます[9]。

〈生物学的要因と心理社会的要因の関係〉

　生物学的要因にしても心理社会的要因にしても，それらを持っていても素行症を呈さない子どもの方が大多数です。統計学的にも素行症の単一の原因は見出されていません。先に述べたように遺伝と環境の素行症の発現に関する寄与率はおよそ半々であり，いわゆる「氏か育ちか」ではなく，氏と育ちが相互に影響しあって反社会的行動は発現すると考えられています。

◘ コラム7-1　気質について

　人生の初めの数カ月で明らかとなる気質，特に気難しさ（刺激に対する過敏さや鈍感さ，頑固さなど）や攻撃性も，素行症の前駆因子と言われています[9]。Whiteらは3歳における「しつけの難しさ」が11歳の非行の前兆であることを示しました[24]。Caspiらによれば，就学前の攻撃性や衝動性は，9〜15歳の反社会的行動に最も強く相関するそうです[25]。しかし，気質は子ども自身の性質と親の養育の相互作用によって生じると考えられており，その定義は曖昧です。確かに素行症に先行するものではあると思いますが，発達特性や，第1章で述べたアタッチメント形成不全の過程そのものを切り取って，気質と命名しているのではないか，と私は考えています。

6.　素行症の発現過程

　以上のエビデンスを踏まえて，子どもが素行症に至る経過を就学前後に分けて考えてみましょう。

（1）就学前＝アタッチメント形成阻害の経過

　これは第1章で述べたので割愛します（p.12，p.13 **図1-2**を参照）。

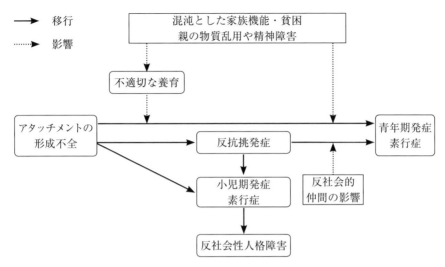

図 7-3　アタッチメントの形成不全から素行障害への展開

（2）就学後に素行症に至る経過（図7-3）

　アタッチメント形成阻害の悪循環が繰り返されると，子どもの怒りは「恨み」となり，性格に根付いていきます。こうした状態が反抗挑発症と呼ばれる状態です。

　反抗挑発症をもたらす不適切な養育の背景には，さまざまな家族機能の障害が存在します。それらは親子関係をさらに悪化させ，子どもの自尊感情を低下させる方向に働くと同時に，子どもを家庭外の交流へと促します。こうした子どもたちは，成長の過程全般において，通常の友人や大人に受け入れてもらえず孤立しやすいものですが，この時，彼らを受け入れてくれるのは同じような境遇で育った子ども達です。このため彼らは青年期に入る頃から反社会的な集団に属することが多くなります。一方，家族機能の障害はしばしば，同一化すべき適切な大人像が得られないことにつながります。実行機能や言語機能が低く，被影響性の高い彼らは容易に反社会的な先輩や大人に同一化し，素行症（青年期発症型）を呈すると考えられます。文献的には，反抗挑発症の25〜47％は青年期に素行症を呈すると

言われています[26]。

　なお，女児の素行症の大半は反抗挑発症の診断を満たさず，直接素行症を呈するが，その予後は良好であるといいます[27]。

（3）小児期発症の素行症

　一方，小学校低学年でも，何らかの理由で超自我形成が乏しかったり，衝動コントロールが著しく不良である場合，直接反社会的行動が開始されることがあり得ます。これが小児期発症の素行症です。

　DSM の解説によれば「小児期発症の素行症では通常男児が多く，他者への身体的暴力をしばしば呈し，同世代集団の対人関係の障害があり，小児期早期には反抗挑発症の診断にも該当したことがあり」「成人期まで持続する傾向にある」とされます[4]。ただ筆者の経験から言うと，小児期発症の素行症の中にはそうした重症例もありますが，数の上では，嘘や盗みといった行動をとるものが多い印象があります。ちなみに『怒られるのが怖い』という思いが強いと，子どもは嘘をつくようになります。嘘をつくことで得をすることを覚えると，子どもは得をするために嘘をつくようになります。その延長線上に盗みがあります。

〈ケース7　小児期発症の素行症　歩夢　8歳／小学3年〉

　歩夢くんは，母方のおばあちゃん，お母さん，2 歳上のお兄さんとの 4 人家族です。普段養育しているおばあちゃんは何かと口を出し過干渉です。お母さんは会社員。視線が合いにくく，話しのまとまりに欠けます。別れたお父さんは，日頃は大人しいのですが，怒ると激昂したそうです。

　歩夢くんが 1 歳のとき，両親は離婚しています。その後，保育園に入園しましたが，園では落ち着きがなく集団で行動できなかったそうです。思い通りにならないと手が出たり石を投げました。友達に相手にしてもらえないとイライラして友達の邪魔をしました。このため保育所からは毎日のように，親に苦情の連絡があったといいます。

始語２歳，２語文３歳と言葉の発達は遅れていました。会話が可能になってからも，「何を言っているのかわからない」と保母さんに言われました。自分の作ったものを見せたり，できないときに助けを求めることもありませんでした。お母さんは指示が通らない歩夢くんを厳しく怒って育てたそうです。これに対して保母さんからは「自分だけを見てもらいたがっている」「親の愛情不足」と言われ，お母さんはショックを受けました。

年長さんの時，園で飼っているウサギを持って帰ったことがありました。厳しく叱られましたが気にしている風ではなく，泣いたり反省したりしなかったといいます。

小学校２年生頃から人を騙す嘘が始まりました。学年が上がるにつれてトラブルが多くなり，些細なことから喧嘩して友達を殴るようになりました。小遣いを渡してもすぐに使ってしまい，家のお金を持ち出すこともしばしばでした。小学校３年生の７月，ゲームカードの万引きが発覚したため，私の外来を受診しました。

7. 予後と予防

Storm-Mathisen[28] は，75 例の素行症を 20 年追跡し，その 1/2 は，社会的に適応しているものの，1/3 は反社会性人格障害と診断され，1/4 が薬物を乱用し，1/4 が不安障害を呈していたと報告しています。また，Zoccolillo らによれば，素行症の精神障害の併存は，不安障害が7.1 〜 30.5%，うつ病が15 〜 31% と報告されています[29]。アルコールをはじめとする物質依存の併存もあります[30]。このように，素行症の予後は決して楽観できるものではありません。

一方，治療効果に関しては，思春期における重症の素行症に単独で有効な治療法はないといわれています[8]。これに対して Loeber は，可塑性のある反抗挑発症段階での治療の重要性を主張しました[31]。また，齊藤万比古先生と私[32] は，ADHD の一部が，学童期には反抗挑発症の診断基準

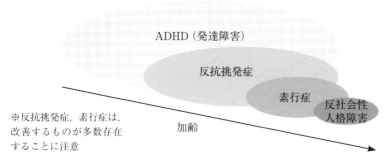

図 7-4　DBD（破壊的行動障害）マーチ　（齊藤，原田　1999）

を満たし，その一部が就学前後から素行症を呈し，その一部は成人以降，社会的に予後不良な経過をたどる可能性を指摘し，破壊的行動障害の変遷を「DBD マーチ（破壊的行動障害の連鎖）」と概念化して注意を喚起しました（図 7-4）。すなわち，反抗挑発症は DBD マーチを停止させる臨界点であると考えられ，ADHD をはじめとする発達障害児の中で反抗挑発症を適切に診断し治療することによって，素行症を予防ないし軽症化する可能性が存在します。このことこそ反抗挑発症という臨床概念が必要とされる最大の理由であると私は考えています。

　そのためには遅くとも小学校低学年までに発達障害を正しく診断し，周囲の人間が正しい理解と対応をとることが大切です。それによって発達障害児は，低い自尊心を抱かずに済み，親や周囲の人間は不必要に彼らを追い込むことがなくなり，素行症への展開を予防することが期待されます。

まとめ

　キレる子どもは，医学的には反抗挑発症と定義されます。反抗挑発症は ADHD をはじめとする発達障害との関連が指摘されています。発達障害の子どもは，発達特性や能力の面でコントロールが難しく，親から不適切な養育を受ける可能性が高くなります。ありのままを受け入れてもらえな

第 7 章　キレる子どもの医学的理解　129

い子どもが抱いた怒りは行動となって表れ，さらなる不適切な養育を引き
出すという負のスパイラルに陥ります。その結果が反抗挑発症であり，素
行症の前段階と言われています。この経過において，脳内の形態・機能異
常が進行し，可塑性が乏しくなることも推測されます。現に素行症治療の
有効性が低いことからも，反抗挑発症段階での介入が推奨されます。

引 用 文 献

1) Mahler, M. S., Pine, F., Bergman, A.：The psychological birth of the human infant. Basic Books, New York, 1975.（高橋雅士，織田正美，浜畑紀訳：乳幼児の心理的誕生. 黎明書房，名古屋，1981.）

2) Bros, P.：On adolescence. The Free Press, New York, 1962.（野沢英司訳：青年期の精神医学. 誠信書房，東京，1971.）

3) American Psychiatric Association：Diagnostic and statistical manual of mental disorders, Third-ed. American Psychiatric Association, Washington D. C., 1987.

4) American Psychiatric Association：Diagnostic and statistical manual of mental disorders, Fifth-ed.. American Psychiatric Association, Washington D. C., 2013.

5) 野村俊明，奥村雄介：行為障害と少年非行. 精神科治療学, 14；147-152, 1999.

6) Harada, Y., Hayashida, A., Hikita, S. et al.：Impact of behavioral/developmental disorders comorbid with conduct disorder. Psychiatry Clin. Neurosci., 63；762-768, 2009.

7) Loeber, R., Burke, J. D., Lahey, B.B. et al.：Oppositional defiant and conduct disorder：a review of the past 10 years, part I. J Am Acad Child Adolesc Psychiatry, 39；1468-1484, 2000.

8) American Academy of Child & Adolescent Psychiatry：Practice parameters for the assessment and treatment of children and adolescents with conduct disorder. J Am Acad Child Adolesc Psychiatry, 36（Suppl.10）；122S-139S, 1997.

9) Holmes, S. E., Slaughter, J. R., Kashani, J.：Risk factors in childhood that lead to the development of conduct disorder and antisocial personality disorder. Child Psychiatry Hum Dev. 31; 183-193, 2001.

10) Burke, J. D., Loeber, R., Birmaher, B.：Oppositional defiant and conduct disorder：a review of the past 10 years, part II. J Am Acad Child Adolesc Psychiatry, 41；1275-1293, 2002.

11) Salvatore, J. E., Dick, D. M.：Genetic influences on conduct disorder. Neurosci

Biobehav Rev. S0149-7634 (16) 30083-5. 2016.

12) Mason, D. A. & Frick, P. J.：The heritability of antisocial behavior：A meta-analysis of twin and adoption studies. Journal of Psychopathology and Behavioral Assessment, 16；301-323, 1994.

13) Kruesi, M. J., Hibbs, E. D., Zahn, T. P., et al.：A 2-year prospective follow-up study of children and adolescents with disruptive behavior disorders. Prediction by cerebrospinal fluid 5-hydroxyindoleacetic acid, homovanillic acid, and autonomic measures? Arch Gen Psychiatry. 49；429-435, 1992.

14) Halperin, J. M., Newcorn, J. H., Kopstein, I., et al.：Serotonin, aggression, and parental psychopathology in children with attention-deficit hyperactivity disorder. J Am Acad Child Adolesc Psychiatry. 36；1391-1398, 1997.

15) 吉岡充弘：攻撃性とセロトニン・ドーパミン．臨床精神医学, 46；1095-1099, 2017.

16) Kuhne, M., Schachar, R., Tannock, R.：Impact of comorbid oppositional or conduct problems on attention-deficit hyperactivity disorder. J Am Acad Child Adolesc Psychiatry., 36；1715-1725, 1997.

17) Mannuzza, S., Klein, R. G., Bonagura, N. et al.：Hyperactive boys almost grown up：replication of psychiatric status. Arch Gen Psychiatry, 48；77-83, 1991.

18) 渡辺京太：齊藤万比古，渡辺京太編．注意欠陥多動性障害の診断治療ガイドライン．p.191-200，じほう社，東京，2006.

19) Offord, D. R., Boyle, M. H., Racine, Y. A., et al.：Outcome, prognosis, and risk in a longitudinal follow-up study. J Am Acad Child Adolesc Psychiatry. 31；916-923, 1992.

20) Zelazo, P. D., & Müller, U.：Executive function in typical and atypical development. In U. Goswami (Ed.), Handbook of childhood cognitive development, p.445-469, Oxford, Blackwell, 2002.

21) Sonuga-Barke：The dual pathway model of AD/HD：an elaboration of neuro-developmental characteristics. Neurosci Biobehav Rev., 27；593-604, 2003.

22) Noordermeer, S. D., Luman, M., Oosterlaan, J.：A Systematic Review and Meta-analysis of Neuroimaging in Oppositional Defiant Disorder and Conduct Disorder Taking Attention-Deficit Hyperactivity Disorder into Account. Neuropsychol Rev., 26：44-72, 2016.

23) 友田明美：被虐待者の脳科学研究．児童青年精神医学とその近接領域, 57；719-729, 2016.

24) White, J. L., Moffitt, T. E., Earls, F. et al.：How early can we tell?：ARLY CAN WE TELL?：Predictors of childhood conduct disorder and adolescent delinquency. Criminology, 28, 507-535, 1990.

25) Caspi, A., Henry, B., McGee, R. O., et al.：Temperamental origins of child and

adolescent behavior problems : from age three to age fifteen. Child Dev. 66:55-68, 1995.

26) Loeber, R., Green, S. M., Keenan, K et al. : Which boys will fare worse? Early predictors of the onset of conduct disorder in a six-year longitudinal study. J Am Acad Child Adolesc Psychiatry, 34:499-509, 1995.

27) Keenan, K., Loeber, R., Green, S. : Conduct disorder in Girls : A Review of the literature. Clin. Child Fam. Psychol. Rev., 2:3-19, 1999.

28) Storm-Mathisen, A., Vaglum, P. : Conduct disorder patients 20 years later : A personal follow up study. Acta. Psychiatr. Scand., 89:416-420, 1994

29) Zoccolillo, M. : Co-ocurrence of conduct disorder and its adult outcomes with depression and anxiety disorders : A review. J Am Acad Child Adolesc Psychiatry, 31:547-556, 1992.

30) Weinberg, N. Z., Rahdert, E., Colliver, J. D., Glantz, M. D. : Adolescent substance abuse : a review of the past 10 years. J Am Acad Child Adolesc Psychiatry, 37: 252-261.1998.

31) Loeber, R., Lahey, B. B., Thomas, C. : Diagnostic conundrum of oppositional defiant disorder and conduct disorder. J Abnor Psychol, 100:379-390, 1991.

32) 齊藤万比古, 原田謙：反抗挑戦性障害. 精神科治療学, 14:153-159, 1999.

第8章 キレる子どもへの外来診療

　本章の内容は，本書のほかの部分と重複している点もありますが，外来診療ということでひとくくりにまとめてあります。スタッフさえ揃えば，精神科だけでなく小児科でも実践可能な内容です。

1. 多角的な視点からの評価

　こころの医療センター駒ケ根では，重症の発達障害や虐待的養育を受けた疑いのある重篤な症例に対して，多職種チームによる初診（通称，多職種初診）を行っています。これは，医師，看護師，心理士，精神科ソーシャルワーカー（PSW）という専門性の異なる複数の目で子どもを観察し，評価・診断し，治療計画を立

てるというものです。診察の流れは以下のようになります（表8-1）。

（1）PSWがあらかじめ記入された問診票をもとに予診を取る

　生育歴・病歴はもちろん，親子の思いを聞き取る。どのような経緯で来院し，親子それぞれが何に困っているのか，どのようなことを診察や治療

表 8-1　多職種初診の流れ

時間	看護師	PSW	心理士	医師
9:00	受付・計測	予診・カルテ入力		
9:30	事前打ち合わせ			
10:00	モニター見学		親子面接	
			子ども面接	親面接
10:30	多職種での評価・治療方針の決定			
		診療計画書作成	フィードバック面接	

で期待しているのかを聞く。

（2）全職種が集合して事前に打ち合わせる

　PSW の報告を聞き，診察では医師，心理士が親子それぞれについて，何に重点をおいて診察するかを話し合う。

（3）医師，心理士で面接する

　まず，親子に本日受診した動機について尋ね，特に子どもに来院してくれたことをねぎらう。次に親子それぞれに分かれて面接を行う。親にはこれまでの経緯，親の困りごと，家や学校での様子などを聞く。必要に応じて発達障害に関する構造化面接を行う。子どもは，受診動機が明確でないことが多いので，気持ちをほぐすプレイルルな面接で，受診に至る思い，家の中の様子や困りごとを聞く。必要に応じて，HTP やバウムテストのような，簡単に行える検査を用いて，心理状態を評価する。

　看護師，PSW は上記の面接をモニターで見学する。

（4）多職種で評価・治療方針を決定する

　一旦，親子を残して，チームが集合する。面接の結果と各々の評価を伝え，それらを総合して，初診時の状態を診立て，治療方針を決める。

（5）フィードバック面接を行う

　親子と再び面接する。面接では，診立てをもとに，何が問題で，どうしてその問題が生じているのかについて，現時点での理解をわかりやすく伝える。そして，それに対して，どのような治療のゴールが想定され，医師や心理士は今後どのような診察，検査を行っていくつもりかを説明する。

　最後に，今日の診察に対する質問に答えた上で，再度，来院の労をねぎらい，診察を閉める。以上の話をまとめた外来診療計画書を作成し，それを用いて説明を行い，それに署名してもらう。

　医師の再診と，必要に応じて心理検査や心理面接の予約を取り，初診は終了となる。

2.　診断

　治療の基本となるのは診断です。現在では操作的診断を用いて診断するのが一般的です。操作的診断とは，基準にある項目がいくつ当てはまるかで診断を下すものです。キレる子どもを操作的診断基準に当てはめると，反抗挑発症という診断が当てはまります。反抗挑発症とは，怒りに基づいた不服従や，大人に対する挑発的で反抗的な態度・行動が持続する障害です。

　ただ，操作的診断基準は，その子どもが抱えている問題が現象として現われているものにラベル付けしているに過ぎません。統計や研究には役立ちますが，その症状の成り立ちや背景，症状以外の強みなどの要素を考慮していません。反抗挑発症という診断は“キレる子ども”を言い換えているに過ぎないのです。

　その子どもを1人の人間として理解するためには，フォーミュレーションを作成します。

3. フォーミュレーション

フォーミュレーションとは，「定式化」と訳される言葉ですが，定訳はありません。要は，眼の前にいる患者さんをどう理解し，どのように治療していくかを短い文章でまとめたものです。具体的には，フォーミュレーションとは，次のようなものです。

(1) 生育歴，病歴，発達歴，家族関係，学校での対人関係のあり方などを，複数の情報源から集める

(2) 診察から，その子どもの精神状態と，それに影響を与える家族関係をリアルタイムで評価する

(3) 必要な心理学的・医学的検査を参照する

(4) これらを総合して，その子どもの症状や行動がいかにして生じてきたかを，生物学的，社会的，心理的，発達的側面から診立てる

(5) 診立てを元に，生物学的治療，家族介入を含めた心理社会的治療，地域支援者との連携を含めた社会的治療をいかに行うか，という治療計画を立てる

〈ケース5　翔のフォーミュレーション〉

幼少時より衝動的で，言い出すと聞かない頑固な子どもであった。小学校に上がっても興味のないことはやらず，集団行動が取れないために度々トラブルを起こしていた。両親の養育態度は厳しく，特性に対応できず，時に暴力的になっていたようである。3年生になると学校でも家でも反抗的になった。5年では近医を受診し，ADHDと診断され，メチルフェニデートの投与が開始された。中学に入学後，治療は中断し，素行に問題がある友達ができてから，暴言・暴力や素行の問題が始まった。指導が入らず，追い詰めると激昂するため，親や学校としても対処のしようがなくなり来院した。

診察時の様子からは，自分の衝動を抑えることは難しそうである。親も，

叱りつけるばかりで適切な行動を強化する方向性に乏しい。煽られて諍い
を繰り返し，結局は本人の言い分が通ってしまうようである。

　まとめると，ADHD の特性と不適切な養育の悪循環から，アタッチメン
トが適切に育っていない印象を受ける。大人に対する不信や怒りと自尊心
の低下が顕著である。健康な仲間関係でマイナスの体験を積み重ねてしま
い，反社会的な仲間に同一化して素行の問題が開花している。しかし，病
院に来たということは何らかの救いを求めているとも言える。

　今後に関しては，以下の治療を予定する。

・家庭と学校で約束を決め，守れたらほめる，守れなかったら罰則とい
　う枠組みを貫く
・親の話を聞き，苦労を労いながら，養育態度を修正し，適切な対処法
　を伝えていく
・関係の良い担任が児の気持ちを受け止め，児の自尊心を高める方策を
　模索していく
・不良仲間から距離を取るために健全な活動を増やす
・支援会議を開き，児に関する共通理解をもち，対応を話し合う

4. 虐待の有無の判定

　診立てが終わったら治療を始めていくのですが，その前に虐待の有無を
見極める必要があります。虐待としての介入が必要であれば児童相談所に
通告します。これはどの職種であっても専門家としての義務です。

　表 8-2 に虐待のリスクファクターとして，子どもの要因と保護者の要
因，養育環境の要因を挙げました。こうしたリスクファクターを理解して
おくことは，隠れている虐待に気づくきっかけになります。親機能がどの
くらい健全かを見分けることで，外来で診療可能なケースかどうかの判断
を下す際にも役立ちます。

　ただし，虐待と判断されたから，後の対応は児童相談所や市町村に任せ

表 8-2 **虐待のリスクファクター** （厚生労働省ホームページ[1] より）

ア．子ども側の要因	・乳児期 ・未熟児，障害児 ・何らかの育てにくさを持っている子ども
イ．保護者の要因	・望まぬ妊娠や 10 代の妊娠 ・保護者自身の被虐待歴 ・妊娠中又は出産後の長期入院 ・マタニティブルーや産後うつ病 ・元来の性格が攻撃的・衝動的 ・精神障害，知的障害，アルコール・薬物依存等
ウ．養育環境の要因	・離婚（未婚），内縁者や同居人がいる家庭，子連れの再婚家庭 ・夫婦の不和，配偶者からの暴力など家族関係の問題を抱える家庭 ・親族や地域社会から孤立した家庭，転居を繰り返す家庭 ・経済不安のある家庭

ればいい，ということにはなりません。それらの機関と連携を取りながら，医療としての役割を果たしていくことになります。

5．支援・治療の実際

さあ，ここからは治療の実際について述べていきましょう！

キレる子どもの支援・治療は，子どもへの支援・治療，親への支援・指導，学校・地域との連携を統合的に行うことが実践的です。それぞれの親子の弱い部分を重点的に，同時に強みを生かして，支援・治療を組み立てます。

（1）基底にある発達障害に対する手当はキレる子どもの治療の土台

反抗や怒りの問題は円環的です。単に表面に表れているもの，すなわち"問題行動"にのみ目を向け，原因探しをしても，根本的な解決にはなりません。大事なことは彼らの怒りがなぜ生じているかを理解し，効果的な解決方法を提示することです。

ところで，第1章で述べたように，キレる子どもは発達障害を併せ持っていることが少なくありません。実は発達障害が基底にあるということは，問題に取り組む糸口がある，ということでもあるのです！　親や教師は，暴力を振るったり，嘘をつく子を"反抗的な子""困った子"という視点で観ています。だから，厳しいしつけや教育をしなければいけないと考えるのです。この観点を変えるためには，"発達障害"という視点を与えることが有効です（これを問題の外在化といいます）。

　発達障害という視点の導入で，親は，何度も同じような間違いを繰り返したり，人の気持ちを逆なでするのは『仕方がない』ことであり，『子どもが悪いわけではない』と考えることができます。子どもは子どもで，悪いのは自分ではなくて脳の働きだったと考えることができるのです。こうした，いわゆるパラダイムシフトは，キレる子どもの治療が有効に働くカギとなりえます。

　発達障害が基底にあると診断されたなら，それに対する支援・治療をしっかり行いましょう。適切な薬物を投与する，予告する，自分で選択をさせる，パーソナルスペースを作るなど。発達障害への支援・治療を徹底することは，不安を軽減し，無用な衝突を減らし，親子が共にキレる機会を減らすことにつながります。

(2) 子どもへの治療
① 精神療法的アプローチ

　最も大切なことは，子どもとの信頼関係を築くことです……と書くと当たり前すぎると思われるかもしれません。それでもやはり信頼関係は重要です。子どもの心配，悲しみ，怖れ，葛藤，失望に耳を傾けることで，子どもに『この人は信頼できる』と感じ取ってもらえることが，何より大切です。

　特に，発達特性がある場合，それは子どもにとっては"障害"ではなく自然なことです。不注意にしてもこだわりにしても，自然に振る舞ってい

表 8-3 キレる子どもにおける SST プログラムの例

回	学ぶスキル	内容
1	オリエンテーションと会話の基本	グループのルールと人と会話をするときのコツについて理解する
2	いろいろな気持ち	気持ちにはいろいろな種類があること，気持ちの温度計を用いて，気持ちの強さを表現することを学ぶ
3	怒りを表現する	怒りを言葉にすることで，爆発が防げる可能性について学ぶ
4	クールダウンスキル	気持ちが爆発した後で，気持ちを落ち着けることを学ぶ
5	思いやりスキル	人を思いやる5つのポイントを学ぶ
6	問題解決スキル	問題解決の手順を学ぶ

るのに，怒られたり，白い目で見られたりする。ありのままの自分を否定され，拒絶され，彼らは不安を抱き，落ち込んでいます。その悲哀は十分に汲み取りたいところです。

　キレる子どもは基本的に大人を信頼していません。ましてや，嫌々病院に連れてこられた彼らにとって，医師は反抗している親の仲間と認識されています。焦らず，諦めず，子どもとの信頼関係を築いていくことが重要です。

② ソーシャルスキルトレーニング（SST）

　小学生年代であれば SST の適応となります。SST では，遊び，スポーツなどの構造化された状況において，対人関係上の適切なスキル（技能）を講義で学び，練習します。好ましい言動は声かけや報酬などを与えることで強化し，好ましくない行動にはタイムアウトや罰則を設けて減じる，オペラント条件付けを用います。キレる子どもに対する内容としては，一般的な発達特性に対する SST に加えて，感情の理解や表現，困った時の助けの求め方，落ち着く方法などを学びます（表 8-3，資料参照）。

　SST は医師でなくても実施可能です。通常，隔週で6〜8回程度，数

第8章　キレる子どもへの外来診療　141

表8-4　キレる子どもへの処方例

【アリピプラゾール】		
エビリファイ（1mg）	1錠	1 × 朝
→エビリファイ（3mg）	1錠	1 × 朝
→エビリファイ（3mg）	2錠	2 × 朝夕
【リスペリドン】　〈体重20kg以上の患者の場合〉		
リスパダール（0.5mg）	1錠	1 × 夕
→リスパダール（0.5mg）	2錠	2 × 朝夕

（薬は効果と副作用を観察しながら，開始から2週間毎に増量していきます）

名のグループで行われます。ただし，SSTのセッションが終わった後も，学んだものを学校や生活の場で共有し，日常生活でも実践してもらわないと効果は続きません。

③ 薬物療法

　ADHD症状を併存している場合，メチルフェニデートやアトモキセチンを用いて，その症状をきちんとコントロールすることは大切です。
　一方，反抗挑発症／素行症に対する薬物として，効果が確立されているものはありません。ただ，興奮，衝動性やこだわりを標的症状として，非定型抗精神病薬を使用することがあります。私は通常，ASDの易刺激性に保険適応が取れているアリピプラゾールやリスペリドンを用いています。反抗挑発症・素行症には適応外使用であることや副作用については親に十分説明します（**表8-4**）。

（3）親支援
① 親を支えることは子どもを支えること

　小学生の子どもは，個として大人に頼らないでは生きていけません。だから，反抗的とはいってもまだ親の言うことを聞きます。また，反抗的で

あればあるほど，頼りたい，甘えたい気持ちも強いものです。親を支え，親の対処能力を高め，親としての自信を取り戻してもらい，親子の関係を改善することは，キレる子どもの治療の要です。ところが，児童精神医学の教育を受けていない医師は，往々にして親を指導する傾向が強くなります。年配の先生の中には，親を叱ることにためらわない方さえいらっしゃいます。しかし，第6章でも述べたように，親を責めることは百害あって一利なしです。

　親を支えることは子どもを支えること！　親のできている点，頑張っている点をほめ，信頼関係を築き，親に治療のパートナーになってもらいましょう。

② 基本的対応

　第3章で詳しく述べたことですが，ここでは，外来で使える家庭・学校での反抗的な子どもへの基本的対応を**表8-5**にまとめました。

　これらに加え，第1章で述べたキレる子どもが育つメカニズムについて説明し，親に理解してもらう必要があります。もちろん，親の問題点をあげつらうのではなく，これまで養育の困難な子どもを育ててきた親の苦労を十分に労うべきです。過去に親が受けた虐待的養育の話が出てくれば，その辛さを十分受け止めた上で，「明日からはどうしていくか」について一緒に考えていきます。「別れた夫に似ている」「時間的余裕がない」など，すぐには解消できない問題も往々にしてありますが，焦らず，諦めずに子どもと向き合うことを励ましていきます。

〈ケース8　親御さんの変化で子どもも落ち着いた優太　12歳／中学1年〉

　優太くんは父母姉妹との5人家族です。お父さんは頑固で自説を曲げない人，お母さんは感情的に反応する人です。しつけは厳しく，優太くんは両親から強く抑えられているような印象があります。

　言語運動発達に異常なし。健診で異常の指摘もありません。乳幼児期は

第 8 章　キレる子どもへの外来診療　143

表 8-5　家庭・学校でのキレる子どもへの基本的対応

1.　暴力への危機介入

- 暴力が振るわれた際には即時介入する
- 低刺激で対応し体を寄せて静かに制止する
- その場から離すか，ほかの子どもを別の部屋に連れていく
- 深呼吸をさせる

2.　興奮している子どもへの介入

- 興奮している状態であることを伝え，クールダウンを促す
- クールダウンの方法はあらかじめ決めておく
- 改まらない場合，タイムアウトを警告し，従わなければ静かな部屋に移動させる
- 落ち着いた段階で，しかしあまり時間を空けずに振り返りを行う
- 振り返りは行動を反省させるためでなく，背景にある気持ちを汲み取るために行う
- 発達障害児は振り返りが深まらないことも多い。「そういうものだ」と認識しておく
- 振り返りが終わったら，責任を取らせる

3.　暴言・反抗的態度への対応

- 大人への暴言は冷静に言い直しをさせ，言い直したら応答する
- 大人は自分がどういう気持ちかを I-message を用いて伝える
- あまりにも暴言が多い場合には，毎回注意すると逆に刺激になることもあるので，適度に無視する
- 横柄／しつこい態度，「うるさい」「うざい」など言い返してくる場合には，冷静に「もうこれ以上は話しません」といったん区切る
- 受け入れられる態度で話ができたら応答する

4.　子どもの気持ちを共有する

- 子どもの話は定期的に聞く
- 子どもの言葉や気持ちを否定しない。You-message を用いて共有する
- 子どもと時間を共有する（シェアタイム）
- 子どもに怒りの対処法を教える

5.　困った行動を怒らずに減らす

- 困った行動は，まず注目を取り去り，待って，ほめる
- ガンバリ表を活用する
- ルールを決め，守れた（＝適切な行動がとれた）ときにほめる
- ルールを守れなかったときは，怒るのではなく適切な行動を指導する
- 大人も怒りをコントロールする

人見知りはなく，小さな音に敏感でした。保育園では元気で片時もじっとしていませんでした。思い通りにならないと癇癪を起こしました。

　小学校に入ると，人とのやりとりで勘違いや捉え違いが目立つようになりました。また，衝動性が高くてカッとなりやすいために，些細なきっかけから友達と喧嘩になりました。逆に，高学年ではいじめにもあいました。

　中学入学後，夏くらいから注意されるとキレて暴言を吐いたり，女子に暴力を振るうようになりました。友達に怪我をさせてからは保健室登校になったため，私の外来を受診しました。診断は ADHD，ASD です。

　基本的に真面目である優太くんは，求められたことにはしっかり応えよう，良い子であろうという姿勢が強いようでした。一方，自分の気づかない部分で周囲の反感を買っていました。その因果関係がわからないゆえに，被害的になったり，怒りの感情にのみ込まれて，衝動的な暴力につながっていると考えられました。これまでの体験から，暴力を控えようという気持ちは強いのですが，自他の感情に鈍感であるがゆえに，適切に感情を出すことは難しく，すべての感情を抑えているようでした。

　特定の友達に「悪口を言われる」という報告があったため，外来に同席した支援学級の担任には，教室での介入を求めました。

　学校で感情を抑える分，家では荒れることも多いため，父母の接し方に焦点を当てました。衝突することが多いお母さんには，ぶつかりそうになったら距離を取ること，お父さんには頭ごなしに怒るのではなく，優太くんの言い分を聞いてもらうように勧めました。

　その結果，これまで子育てはお母さん任せだったお父さんは，母子の衝突があると，双方の話を聞いてくれるようになりました。一方，それまで正面からぶつかっていたお母さんは，ぶつかりそうになると寝室に行くことを実践しました。私はこうした父母の努力を労い続けました。

　半年の通院の後には，優太くんは「お母さんはガミガミ言わなくなった」といい，両親からは「優太が成長している。切り替えできるようになった」「キレることがなくなった」との報告がありました。

第8章　キレる子どもへの外来診療　　145

表 8-6　キレる子どもにおけるペアレントトレーニングプログラム例

回	学ぶスキル	内容
1	オリエンテーション・行動を3つに分ける・上手なほめ方	行動を3つに分け，上手なほめ方を学ぶ
2	注目を取り去る・ほめるの組み合わせ	不適切な行動は注目せず，適切な行動に変わったらほめる
3	ポイント表の作り方・効果的な指示の出し方・親子タイム	ポイント表，効果的な指示の出し方などを学ぶ
4	警告と制限の与え方	許し難い行動に対する警告と制限の与え方を学ぶ
5	まとめと振り返り	全体のまとめと振り返り

③ ペアレントトレーニング

　小学生までの反抗挑発症の子どもであれば，親が適切な対応を学ぶことによって相応の変化が期待できます。ペアレントトレーニングは，オペラント条件づけを用いた適切な対処方法を親が学ぶものです。実施は心理士，PSW などのコメディカルで十分可能です。

　表 8-6 に示した内容を講義とロールプレイで習得してもらいます。1グループ4〜8人程度，1セッション1時間半，隔週で5〜6回実施します（資料を参照）。

（4）学校との連携

　診察室で，月に1回程度会う医師にできることは限られています。日々子どもに接しているのは，学校の先生です。彼らにキレる子どものことを理解してもらい，適切に対応してもらいましょう（表 8-5）。

　なにより大事なことは，子どもの気持ちを共有してもらうことと子どものアタッチメントを修復すること（表 8-7），そして自尊心を高めることです（表 8-8）。もちろん，これらは一朝一夕に成し得ることではありませんが，その重要性は強調していきたいと思います。

表 8-7　キレる子どもに対する学校に特有な対応

・親との関係はこじれていることが多いので，親に代わってアタッチメントを修復する
・困ったときに相談できる関係を目指す
・信頼関係が作れていない段階では，好きなこと，楽しいことを中心に時間を共有し，信頼関係を築く
・教室に入れない子は，ほかの居場所（相談室，保健室など）を確保する
・担任を中心に，さまざまな大人が関わることで，負担が集中することを避け，その子どもを抱えやすくする
・子ども同士の衝突に対しては，関係が構築されていない状態なら大人が介入する。関係がある程度できている場合は，子どもが自ら押し返すことを練習することも必要
・教師間，学校間，他機関との連携を促す

　また，学級担任を中心に，養護教諭，発達障害コーディネーター，スクールカウンセラーら学校スタッフと，支援会議を開いて連携を図ります。発達障害があれば，発達特性を軸に子どもの理解を伝え，共通認識を持ってもらい，対応を協議します。

(5) 思春期のキレる子どもで注意する点
　中学生年代のキレる子どもの治療は，親子それぞれの動機づけが明確でないと難しいものです。しかし，親はともかく，この年代の反抗的な子どもが，治療に意欲的であることは，かなり稀です。従って，いかにして子どもを動機づけるかが重要です。
　まず，子どもとの信頼関係を築き，その上でその子どもの困りごとに焦点を当てて，一緒に取り組めるところから治療を進めていきます。子どもが示す反抗的な行動は適度に律しなければなりません。しかしそれよりも，表面的には受け入れ難い行動の基底にある「ありのままの自分を受け入れて欲しい」という子どもの気持ちを感じ取ることが肝要です。

① 親ガイダンス，SST，薬物療法
　キレる子どもに対する基本的対応の原則は思春期であっても同じです。

第 8 章　キレる子どもへの外来診療　147

表 8-8　キレる子どもの自尊心を高める方法

・その子の良い点や望ましい行動を見つけて，ほめる／認める
・何事においても，結果よりも努力やひたむきさを肯定する
・叱った時には，その子の良い面を伝えて終わる
・あなたはあなたでいいというメッセージを送る

ただし，ほめ方や罰則はその子どもに応じて柔軟に変化させないといけません。だから治療者は親と，よく話し合う必要があります。

　たとえ親が適切な対応を学び，実行したとしても，子どもは親の変化に疑心暗鬼となることが多いものです。このため，親は焦らず，たゆまず，諦めずに努力を続けることが求められます。そして治療者は，それを支え続けなければなりません。

　子ども自身への SST や薬物療法は，動機づけがしっかりしているか，入院治療や矯正施設など強い枠付けのある環境でないと施行するのは難しくなります。

② 学校との連携

　小学校と中学校で大きく変わることは，学級担任制か教科担任制かという点です。小学校では担任との相性が大きく影響しましたが，中学校では先生同士の連携の良し悪しが重要になります。

　また，中学生は成績が重要視されますが，キレる子どもは成績不良であることが一般的です。ですから，成績に対する要求水準を下げ，努力や頑張りをほめるようにしましょう。勉強が難しければ，部活動，特に運動部への参加を勧めましょう。身体を動かすことが気分を改善する効果と，反社会的でない仲間との交流を増やすためです。

③ 地域との連携

　親や教師だけで中学生のキレる子どもを支援することはたやすいことで

はありません。この時役に立つのは支援会議です。支援会議では，親や担任だけでなく，スクールカウンセラー，発達障害者支援センター，児童相談所，市町村関係者など，その子どもに関わる人間が集まり，複数の視点からその子どもの特徴を理解し，誰がどんな役割を担うかを検討します。家で暴れる子どもに関しては，いつ警察を呼ぶのか？　に関するコンセンサスも確認しておく必要があります。

　児童相談所の一時保護は，医療では示せない限界を示す意味で有用なことがあります。施設入所しない代わりに子どもと通院や服薬を約束してもらうこともあります。

　これらの連携を潤滑に運ぶためには日頃の関係づくりが重要です。

6. DBD マーチをたどった症例の治療

　本書は思春期の素行症児の治療にまでは踏み込んでいません。それでも"そこまでやった"治療を知ることも参考になると考え，症例を提示します。

〈ケース5　翔の治療経過〉
治療構造としては，以下のように設定しました。
①児童精神科医による月１回の外来診療
　　本人と親だけでなく，担任，児童相談所の担当者が同席する。行動療法，薬物療法（メチルフェニデートとアリピプラゾール），母親への治療教育を行う
②児童相談所ではソーシャルワーカーが翔くんに対して隔週でセカンドステップを施行する
③担任が翔くんへの関わりを増やし，学校に居場所を作ってもらう
④父親との面接を教頭が行う（不定期）
⑤支援会議（不定期）
　　参加者は，児童相談所，学級担任と発達支援コーディネーター，養護

教諭，市子育て支援課担当，PSW（精神保健福祉士），主治医。
共通認識の形成，役割分担，支援方針の確認を行う

　初回の支援会議では，別室登校で学校に復帰すること，ルールを守れた
らほめる，問題行動が続けば児童相談所で一時保護，という枠組みを確認
しました。担任の役割は重要で，信頼関係を深めるために，できるだけ思
いを聞いてもらうことをお願いしました。児童相談所で行なっているセカ
ンドステップも継続してもらうことにしました。また，母親には児の
ADHDと反抗について私から治療教育を行い，父親には教頭先生が面接を
行ってもらうこととなりました。
　初めは服薬を渋っていた翔くんも，筆者や親からの再三の促しによって
次第に規則正しく内服するようになっていきました。児童相談所のセカン
ドステップでは，「煙草，飲酒，万引きなど，誘われた時，なぜ断れない
のか，どう違う行動に替えていくか」を視覚化しながら面談しました。担
任は翔くんの話をよく聞いてくれ，休日には一緒に釣りに行くなど献身的
につきあってくれました。父母は高圧的に怒ることを止め，翔くんの訴え
にも耳を傾けるようになりました。
　3学期に入る頃から，さまざまな達成感が，聞かれるようになりました。
周囲の大人に対する反発が薄れ，投げやりだった言動に代わり，自分の将
来に対する前向きな発言も見られるようになりました。以前の仲間とも遊
ぶことが減り，暴力行為や深夜の徘徊もなくなりました。中学3年生にな
ると，診察室でもイライラすることはなくなり，穏やかに話ができるよう
になりました。親からも「以前は注意されるとすぐに反発してきたが，考
える余裕が出てきた」との報告がありました。学校では，非行系でない友
だちとサッカーに出かけたりして表情も明るくなったとの報告がありまし
た。
　けれども夏休み中に，1年ぶりに教師に対する暴力事件を起こし，翔く
んは再度一時保護されました。直後の外来で私は，「このままでは児童自

立支援施設に行かなければならない」と説明しました。しかし，この事件は翔くんの内省を促す結果となり，以後は自分の将来について，真剣に考えるようになりました。そして，高校を出たら大工になるという目標を立て，授業に出て勉強するようになりました。中間テストも受けて 5 教科で 150 点を取りました。カッとなることはあるもののトラブルはなくなり，県立高校を受験して合格しました。

7. DBD マーチを止めるために小児科医ができること

　DBD マーチをたどった子どもに対して，治療者は，問題行動の背景にある子どものこころをしっかりと見据え，その伴走者となるべきです。しかし，翔くんのように思春期に至って児童精神科にたどりついた子どもの治療は難渋を極めます。

　一方，発達障害概念が行き渡りつつある今日，彼らの多くは低年齢で小児科を受診します。また，発達障害の早期発見が推奨される中，3 歳児健診は発達障害を見出す大きなチャンスです。ここに，小児科医が，DBD マーチの進展を止めるキーパーソンとなる可能性が存在します。

　私が考える介入のポイントは，以下の 3 つです。

（1）3歳児健診までに発達特性をもつ児をピックアップする

　反抗と暴力を防ぐために，乳幼児期において介入すべきポイントは，幼児期の発達特性を見逃さないことです。1 歳半，3 歳児健診が重要であり，小児科医の活躍が期待されます。片時もじっとしていなかった，すごくおしゃべりで誰にでも話しかけた，などの多動性は，定型発達の子どもでも認められることがあります。けれども定型の子どもと違い，ADHD の子どもは親の目の届かないところに行ってしまいます。迷子になることが多い，興味があると振り返らずに母親から離れていった，などの特徴を認めたら要注意です。なお，ADHD 特性を評価する ADHD-RS は，小学校以

降の子どもを念頭に作られており，この年代では適しません。

　一方，幼児期の ASD 特性を見逃さないためには「M-CHAT（Modified Checklist for Autism in Toddolers)」の実施を推奨します。M-CHAT とは，英国で Baron-Cohen らによって開発された乳幼児期自閉症チェックリストに，米国で Robins らが修正を加え発展させたものです。2 歳前後の幼児が対象で，全 23 項目あり，親が記入する質問紙です。「ほかの子どもに興味がありますか？」「何かに興味を持った時，指をさして伝えようとしますか？」など，ASD 児ではあまりみられない社会的行動に関する 16 項目と，「ある種の音に，特に過敏に反応して不機嫌になりますか？（耳をふさぐなど）」「顔の近くで指をひらひら動かすなどの変わった癖がありますか？」などの ASD に特異的な知覚に対する反応や常同行動に関する 4 項目，言語理解に関する 1 項目などから構成されます。こうしたチェックリストを用いると，早期に ASD 特性を有する子どもを見出すことが可能になります。

（2）虐待のリスクや支援が必要な親をピックアップする

　DBD マーチの進展を止める 2 つ目のポイントは虐待を防ぐことです。

　小児科医や学校教師，福祉現場で働く専門職は，**表 8-1** のような虐待のリスクを念頭に置き，リスクの高い要因があれば，常に関心を払うべきです。もし，虐待が疑わしいようであれば，躊躇なく通告しましょう。通告は虐待が明らかな場合にするものではありません。疑わしければすべきものです。虐待かどうかは児童相談所が判断しますし，通告の秘密は守られます。

　もう一つ，親の健康度も重要な要因です（**表 8-8**）。

　もちろん，表にあるような特徴が強いからといって，直ちに不適切な養育を行う親と判断することは誤りですが，支援が必要という点では心に留めておいて良いと思います。こうした親御さんは，自分から積極的に助けを求めてくることは少ないように思われます。少しおせっかいなくらいに，

表 8-8　筆者が考える支援の必要な親の特徴

1. 他人の意見を聞かない
2. 自分のやり方を押し通す
3. 易怒的，攻撃的
4. 複数の関係する人間とトラブルになる
5. トラブルの原因を他人のせいにする
6. 思い通りにならないことでイライラする（状況によってはキレる）
7. 子どもとの関わりを嫌う
8. 他人との関わりを嫌う
9. すぐに落ち込んだり，気分が不安定になる
10. 不安が強い

「お子さんのことで困っていることはありませんか？」と声をかけてもいいのではないでしょうか。そして，それが可能なのは，かかりつけの小児科の先生や看護婦さんです。

（3）小児科医を中心に医療と地域が連携し，出生から就学までこうした親子をサポートする

　子どもの発達特性と親の特徴を評価し，支援の必要性を認めたら，その親子を周産期から小学校入学まで，継続的にサポートしましょう。その実践例として信州大学医学部附属病院の「こどもかんふぁ」を挙げたいと思います。

　こどもかんふぁには，松本市を含む周辺市町村，分娩を受け入れている医療機関，児童相談所，乳児院，県看護協会が参加しています。その目的は，0歳児からの虐待予防，子育て支援体制の充実です。地域共通のスクリーニングによる特定妊婦の早期把握と早期支援，地域全体のネットワーク作りを行っています。具体的には，出産前の妊婦健診の段階で虐待のリスクの高い妊婦さんをピックアップし，出産後の産科での入院で母親の様子や母子関係を観察します。そして支援が必要と判断したら，自治体と情報を共有し，乳児健診で小児科につなぎます。

第 8 章　キレる子どもへの外来診療　　153

　2008 年の児童福祉法改正で実施されるようになった生後 4 カ月までの乳児のいる家庭の全戸訪問を行う「こんにちは赤ちゃん事業」も有用な取り組みです。同事業は，アメリカやカナダの多くの州で行われている "Healthy Families America" をモデルにした養育支援で，養育支援が特に必要であると判断した家庭に対し，保健師・助産師・保育士等の専門職が居宅を訪問し，養育に関する指導，助言等を行うものです。

　質の高い支援を継続的に行うためには，要保護児童対策協議会との連携や専門家によるスーパービジョンが必要と思われ，ここでも小児科医の活躍が期待されます。

◪ コラム8-1　児童精神科への紹介

　小児科医の先生にお願いしたいもう 1 つの点は，反抗挑発症や小児期発症の素行症を見過ごさないことです。

　これはあまり知られていないことですが，反抗挑発症の診断は幼稚園・保育園年代から可能です。診断の要点は第 7 章に書きましたが，発達障害があり，親から「この子は反抗的（暴力的）で困る」という訴えがあれば，反抗挑発症を疑いましょう。素行症は行動レベルでの診断ですのであまり診断に困ることはありません。他人を騙す嘘や家からのお金の持ち出しが複数回あれば，疑います。

　小児科医としての治療環境，立ち位置を考慮して，自分で診療可能と思われる小児科の先生は介入を始めてください。そうでなければ，児童精神科とぜひ連携してください。特に虐待が疑われる症例は早めに児童精神科に紹介してもらえばと思います。

まとめ

　キレる子どもへの外来診療では，多角的な視点から親と子どもを評価し，操作的診断基準はもちろん，フォーミュレーションを作成することが大切です。虐待の有無を判定して関係機関と連携して治療に当たります。基底

に発達障害が併存する場合，発達障害に対する手当は治療の土台となります。

　子どもに対しては，

　① 精神療法的アプローチ

　② ソーシャルスキルトレーニング（SST）

　③ 薬物療法

の3つを柱に治療を行います。

　親を支えることは子どもを支えること。親をしっかり支援しましょう。可能であればペアレントトレーニングを行います。学校との連携も欠かせません。

　思春期での治療は困難を極めます。小児科の先生は，DBD マーチの進行を止めるゲートキーパーです。反抗挑発症や小児期発症の素行症を見過ごさず，児童精神科とぜひ連携してください。

引 用 文 献

1) 子ども虐待対応の手引き．第 2 章　発生予防．厚生労働省ホームページ＞政策について＞分野別の政策一覧＞子ども・子育て＞子ども・子育て支援＞児童虐待防止対策・DV 防止対策・人身取引対策等＞子ども虐待対応の手引きの改正について（平成 19 年 1 月 23 日雇児発第 0123003 号厚生労働省雇用均等・児童家庭局総務課長通知）

155

第9章 キレる子どもの入院治療

　児童精神科の専門病棟は，この本を執筆している2018年3月現在，全国の30余りの病院にしかありません。各々の病棟の病床数は5床から80床までさまざまです。開放病棟も閉鎖病棟もありますし，両方を有する病院もあります。

　この章では，一般にはなじみの少ない児童精神科病棟での入院治療についてお話しします。

1. こころの医療センター駒ヶ根児童病棟の概要

　私の所属する長野県立こころの医療センター駒ヶ根の児童精神科病棟（以下児童病棟）は，閉鎖病棟で，全室個室15床（個室11床，観察室2床，保護室2床）です。病棟内は，男子エリアと女子エリアに分かれています。診察室，面談室，デイルーム，学習室，集団療法室，運動療法室を備えています。院内学級（小学校，中学校）が併設されており，病院には共用の体育館と作業療法室もあります。

　スタッフは，医師4名，看護師16名，臨床心理士1名，精神科ソーシャルワーカー（PSW）1名，院内学級教師2名（小中学校各1名）と，作業療法士2名（兼任）の体制です。

2. 児童精神科病棟の治療構造

　児童病棟に入院すると，決められた時間に起き，活動し，三食を食べ，

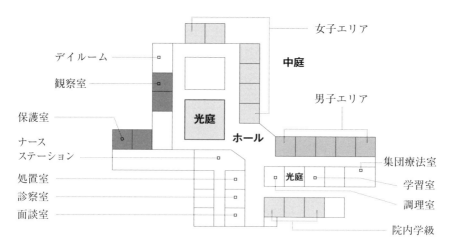

図 9-1　こころの医療センター駒ヶ根児童病棟の見取り図

遊び，寝るという当たり前の生活を送ります。昼夜逆転していたり，ゲーム漬けの日々を送っていた子どもは，睡眠と覚醒，空腹と満腹，活動と疲労を感じることで身体機能を整えます。遊び，シェアタイム[注1]，行事，勉強などさまざまな活動の中で，生活体験を増やし，友達を作ることができます。

　さらに入院環境は，善意ある大人に守られることで安心感・安全感を提供しています。スタッフは十分な関心を注ぎ，ほどよい距離感をもって，子どものこころの問題に向き合います。その出会いを通して，子どもは他人に対する信頼感を取り戻して（あるいは育んで）いきます。

　医師が父親転移を引き受け，枠付けをしたり，ルールの重要性を教えます。看護師は母親転移を引き受け，子どもの世話をしながら気持ちを共有

注1）看護師が，子どもの望む遊びや作業を共同して行う時間。入院から1対1の安定した関係性を構築し，退院までそれを維持するのが当院の流儀。信頼できる大人がそばにいて時間を共有することを保障している。シェアタイムで培った関係性を通して子どもが自分の気持ちを整理し，言語化できるように援助する。表出された子どもの言葉に隠された辛い思いやわかって欲しいなどの気持ちを共有することを大切にしている。シェアタイムで丁寧に関わることで，それ以外の場面でも信頼をつなげている。

第9章　キレる子どもの入院治療　157

表9-1　児童病棟での入院治療の技法

子どもに対する治療	・生活療法（看護師によるシェアタイムを含む） ・医師による精神療法（週1回） ・心理士によるカウンセリング（週1回） ・コメディカルによる集団プログラム（運動療法，集団活動，SST，アサーション・トレーニングなど。各々週1回） ・薬物療法（易刺激性，不注意，不眠の解消などに，必要に応じて）
親に対する支援	・主治医や担当看護師による親面接（隔週1回） ・心理士によるカウンセリング（必要に応じて） ・親の会（入院している子どもの親が対象，月1回）
学校・地域と連携	支援会議（共通認識の形成と支援方針の確認，役割分担を行う。参加者は学校関係者，児童相談所，市町村子育て支援課担当，主治医，担当看護師，臨床心理士，PSW，院内学級教師，他）

し，適度に介入を行います。臨床心理士は，病棟での生活から一歩離れた立ち位置で，子どもたちの話を聞き，気持ちを共感的に受け止めます。それらに加え，作業療法士・PSW（お兄さんお姉さん役），ほかの入院児（きょうだい役・友達）が加わった児童病棟では，疑似家族的な人間関係が展開します。そこでは，抑うつや強迫などの精神症状，いじめを含めた対人関係のトラブル，自傷や暴力などの行動の問題といった，子どものこころの問題が必然的に再現されます。それをリアルタイムで扱う治療を生活療法（ないし環境療法）と呼び，入院治療の柱となります。薬物療法はむしろ補助的であることがほとんどです（**表9-1**）。

　さらに，スタッフは，子どもだけでなく親御さんと向き合い，親子関係の改善に努めます。必要に応じて親のカウンセリングを心理士が行います。また，PSWを中心に，退院後に備えて入院時から支援会議を行い，地域の関係者や学校との連携を図ります。

　これらの治療が融合し適度に効果的であったとき，子どもの精神・行動障害は，あたかも陽に照らされた氷が溶けるように解消していく，と考えられます。さらにはその過程で子どもが『こんな自分でもいいんだ』という感覚を身につけられたら，すなわち自尊心を高めることができたら，そ

の入院治療は成功したといえます。

3. キレる子どもの入院治療

　こういう風に書くと，入院すれば全ての問題が解決されるように思われるかもしれませんが，実際はそう簡単にはいきません。問題を抱えて入院してくる子どもは，それぞれに難しさを抱えており，大人に対する信頼感が乏しい子ほど，その難しさは増していきます。キレる子どもは，その代表です。

　入院治療を行う場合は，その目標を明確にする必要があります。
　キレる子どもに対して，私は3つのレベルを想定しています。
　レベル1は，一時避難としての入院です。中学生年齢の子どもで暴力が激しい症例が適応になります。数週間程度の入院で，気分の安定や薬物調整などを行います。診療圏内に児童精神科病棟がない場合や，知的障害がベースにあるキレる子どもは，このレベルの入院のみ適応となります。
　レベル2はタイムアウトの確立など行動の修正に焦点を絞った入院です。特に退院後，子どもを社会的養護（児童養護施設入所や里親委託など）に委ねる場合には，アタッチメントの修復は，そこで取り組んでもらう課題になるので，目標はこのレベルに設定します。児童精神科病棟で3〜6カ月ほどの治療を要します。
　レベル3はアタッチメントの修復としての入院で，通常1年以上の入院が必要です。これを行うには，親子ともに自主性と積極性が求められます。虐待的養育を受けた子どもと親の中には，互いに対する両価性が著しく高い一群がおり，こうした親子の場合には，レベル3の治療目標を設定することは困難です。
　入院して何を行うのかを明確にしないと入院治療が迷走することになりかねません。なるべく入院時には目標を明確にします。ただ，暴力での緊

急入院など，外来でのアセスメントが不十分のまま入院せざるを得ない場合など，目標を明確にできないこともあります。このときは，入院後しばらく子どもの様子を観察し，スタッフで協議して入院目標を設定することになります。

　キレる子どもの入院治療を始めるためには，まず医師による暴力や迷惑行為を許さない枠付けが必要になります。そうでないと，スタッフや入院しているほかの子どもたちの安全が守れないからです。その枠付けの中でも問題行動は繰り返されます。スタッフは，看護師を中心に，暴言暴力の背景にある悲しみや辛さ，親へ怒りなどの気持ちを共有していきます。この作業を忍耐強く繰り返すことによって，２つの変化が現れてきます。

　まず，適応的な行動の学習が挙げられます。行動の背景にある気持ちを共有してもらうことで，子どもは暴力や迷惑行為ではない方法でも気持ちが伝わることを体験します。言葉で気持ちが十分伝えられ，受け止めてもらえれば，不適切な対処行動には用はないのです。大人との関係でそれができるようになったら，子ども集団の中でその対処法を汎化していきます。

　もう一つは，気持ちに寄り添い，共有してもらうことによって「この人（達）は自分を守ってくれる人だ」「困ったときには，この人（達）に頼って，安心していいんだ」という思いを，少しずつ子どものこころに根づかせることができます。第２章で述べたように，これがアタッチメントの修復のポイントです。直接，依存欲求を満たすことを目指すのではなく，困難に直面したときに助けてもらい，乗り越えることの繰り返しによって，「困ったときには，この人（達）に頼ろう」という思いをもってもらうことが大切です。

　スタッフとの健康的な関係を基盤として，暴力や対人関係上の問題が軽減すれば，レベル２の治療目標は達成したと言えます。

〈ケース9　レベル2の入院事例　美羽　8歳／小学3年〉

　美羽さんは，母親，弟との３人家族です。母親は統合失調症で入退院を繰り返し，美羽さんは１歳のときに乳児院に入所。２歳の時，児童養護施設に移動しました。幼児ユニットにいた頃は落ち着きがなく，誰にでも抱っこを求め，自分ルールで遊びたがりました。小学生になると自己中心性が浮き彫りになり，気に入らないと大人でも子どもでもすぐに手や足が出ました。このため近医を受診し，ADHD，反抗挑発症，反応性愛着障害と診断されました。

　大人の言うことが聞けない，自分に都合がいいように嘘をつく，暴言暴力が収まらないために，小学３年生の時に当院を紹介され入院となりました。施設の子どもであり，暴言暴力に対してタイムアウトを練習し，自分でクールダウンできるというレベル２の目標を設定しました。

【第I期】大人との関係づくりを重視した時期

　集団のルールが守れず，暴力が出るため，個室対応[注2] としました。発達障害をベースとしつつ，基本は愛着の障害と考えて，大人との関係を築き，自己コントロールのパターンを見出すことにしました。看護師は１日15分×２回のシェアタイムと15分の寝かしつけを行いました。

　シェアタイムや大人が一緒にいる時はいいのですが，美羽さんはスタッフの退室に際して，「もっと遊んで」と引き留めが強く，ドアに体を入れて閉めさせなくしました。看護師は１日のスケジュールを視覚化したり，「次は○時○分に来るよ」と予告して退室するようにしました。美羽さんは，退出時以外でも，気に入らないことがあると不貞腐れたり，泣きわめきます。基本的には自分の思いが通らないと，暴言や暴力につながっていると考えられました。

───────

注2）部屋に鍵をかける"隔離"ではなく，原則として部屋で過ごすことを子どもと約束するものです。

第9章　キレる子どもの入院治療　161

【第2期】タイムアウトを練習した時期

　入院後1カ月。子ども集団に交わる時間を2時間から設定。同時に院内学級への通学も開始しました。注意をしても暴言暴力を止められない時は，10分間のタイムアウトを取ることとしました。暴言暴力以外の形で気持ちを収められることを目標にし，本人にも紙に書いて提示しました。

　暴力は，主としてしがみつきが止められない後に生じていました。美羽さんは，暴力がいけないという意識はあり，入院の意味もわかっていて，懸命に頑張っていました。看護師はタイムアウト後に美羽さんと気持ちの振り返りを行いました。

　　Ns：さっきは，どうして暴れたの？
　美羽：……寂しかったから。
　　Ns：そう，美羽ちゃんは寂しかったんだね。でもその前になんて言われたんだっけ？
　美羽：3時まで待ってって。
　　Ns：そうだよね。じゃあ，今度から寂しいときにはどうしたらいいかな？
　美羽：……本を読んで待ってる。

　私は「これは気持ちを切り替える練習だよ」と治療の意味を繰り返し意識づけました。その後，自由時間を順次拡大していき，3週間後に個室対応を解除しました。

【第3期】子ども集団の中で自己コントロールを練習した時期

　やりたいことをすぐやりたい，片づけられない，ルールが守れない，都合のいいように物事を曲げて言う……。子ども集団に入り，大人の目が届ききらなくなった中で，施設と同様の問題が目立つようになりました。また，担当の看護師か中学生女子を独占したがりました。アタッチメントの

問題は明らかでした。それでも，タイムアウトを繰り返すうちに，「うるせー」と言いながらも警告だけで気持ちを切り替えられたり，自分の気持ちを伝えることが増えてきました。それに伴って暴力は振るわなくなりました。

　入院後３カ月が経つ頃には，思い通りにならなくて怒ることはあっても，自ら部屋に戻りクールダウンできるようになり，タイムアウトはしなくて済むようになりました。他患に謝ることが出来たり「嫌がられるよ」と言えば，聞けるようになってきました。

　施設への定期的な外泊を行い，施設でも同じようにタイムアウトを練習。本人に「暴力しない」「人にゆずる」を再度意識付け，退院となりました。

　反抗や暴力に限らず，変化はどの子どもにとっても難しく，不安が伴います。不適切と思われる対処法を不適切だと思っていても，変えていくのはなかなか困難です。

　大人に不信を抱き，力による優劣，支配するかされるかの人間関係しか知らない彼らは，何かにつけスタッフが信頼できるどうかを試してきます。そして，スタッフのミスにつけ込み，罵倒し，優位に立とうとします。さらに，子どもはスタッフを，自分の言うことを聞いてくれる『好きな人』と，注意をしたり枠付ける『嫌いな人』に分けてきます。好きな人は理想化して持ち上げて言いなりに動かそうとし，嫌いな人は価値下げして拒絶します。対象関係論的に言う“対象関係の分裂”を引き起こすのです。

　大事なことは，理想化された人も価値下げされた人も，『今起こっている状況（＝分裂）は，大人に不信感を抱く子どもと接していれば必ず起こることであり，決して客観的事実ではない』ということを認識することです。そして，理想化された大人は意識して枠付け役に回り，価値下げされた大人は，その子どもを拒否しない，というバランス感覚が求められます。前者は比較的可能ですが，後者は通常の人間関係ではあまりないこと（そうなったら関係を断つのが普通）なので，かなりの忍耐がいります。

これらの困難に加え，親の積極性が必要なことも相まって，レベル3の入院目標は，なかなか達成できるものではありません。

もっともこれはキレる子どもに限りません。子どものこころの入院治療は，子どもだけ入院して，一定期間治療を行えば，子どもが生まれ変わったようにいい子になって退院する……などというものではありません。子どもも親も学校も地域も，スタッフと一緒に懸命に取り組んで，ようやく若干の変化がみられる……。そういうしんどい作業なのです。

〈ケース10　アタッチメントの修復を目指した入院事例　大雅　9歳／小学4年〉

大雅くんは母親との2人家族です。幼少時より発達特性が目立ち，3歳児健診から近医に紹介され，ADHD，ASDと診断されました。

小学校では，いつもじっとしていない，文房具など身の回りの物をなくす，人の物でも興味があると勝手にいじって壊してしまうなど発達特性が目立ちました。さらに，不用物を学校に持ってきてしまう，嫌なことがあると黙って帰宅する，やりたいことはやるが，面倒くさいことや失敗しそうなことはやらない，などで周囲を困らせました。

3年生になると，さらに問題はエスカレートしました。気に入らない友達を罵る，些細なことでパニックになって物を投げつける，注意されると相手を叩く・蹴る……などなど。それらが制されると頭を打ち付ける自傷行為を始めるのでした。

学校も事あるごとに指導しましたが，大人の言うことは聞けず，自分に都合がいいように嘘をつき，改善がないということで，4年生の時に児童精神科に入院となりました。

【第1期】次第に入院前の問題行動が明らかになった時期

入院後の観察期間では，小さな逸脱や規則違反が多い印象でした。暴言暴力や問題行動があればクールダウンを促し，クールダウンできない時は

タイムアウトをとることを目標にしました。

　暴言暴力を振るわないこと，規則や指示に従うことができれば，行動範囲が拡大することを報酬にトークンエコノミー[注3] を開始。当初は約束も守れ，大きな問題は起こしませんでした。ただ，大人を信頼していない大雅くんは，大人には近づかず子どもと遊んでばかりいました。次第に，大人の見えないところで知的障害の子をいじめ，女の子のことも叩いたり蹴ったりしました。イライラすることが増え，大人の指導に従わず，注意されてもごまかしたり，人のせいにしました。とうとう癇癪を起こし暴力を振るったため，個室対応をとることとしました。

【第2期】大人との関係を再構築した時期

　カンファレンスでは，大雅くんの問題行動の背景には自尊感情の乏しさがあり，単に行動に対処するだけでは片手落ちであることと，ほめられること，認められること，役に立ったという感覚を積み上げることが大切であることを確認しました。母親が治療に積極的であったため，母子のアタッチメントの修復を見据えながら，治療構造を見直しました。目標に「困ったら大人に相談する」ことを加え，看護師の関わりの時間では，折り紙や本の読み聞かせなどを行うこととしました。大雅くんもその時間を楽しみにし，終了に際しては看護師を引き留めるようになりました。一方私は，規則からの逸脱や嫌がらせ行動に対しては，他人のせいにしたり，ごまかしたり，思い通りにすることを許さず，タイムアウトを確実に実行する姿勢に徹しました。

【第3期】成長している点，頑張っている点をほめ，母親との関係を修復した時期

注3）オペラント条件づけを元にした行動療法。適切な行動に対して，報酬を与えることで強化する手法。

入院後半年が過ぎ，ほかの子どもたちとの交流を再開しました。さらに母親との関係を改善するために親子相互交流療法（PCIT，コラム参照）を開始しました。私は大雅くんと毎夕振り返りを行い，成長している点，頑張っている点をほめるようにしました。

大雅くんはもともと枠にはめられることが嫌いであり，PCIT に抵抗を示しました。とうとう7回目では，「ほかの子と遊びたいから PCIT はやらない」とゴネました。泣き叫ぶ大雅くんに，私は「自分が困っていないと周りが困っていてもかまわないというのでは，家でも学校でもやっていけない」と直面化しました。母親は「お母さんは大雅との関係をやり直したいと思っている」と訴えました。そして，大雅くんは治療の継続を受け入れました。

その後も，規則からの逸脱，嫌がらせなどの問題行動が生じましたが，その都度タイムアウトをとり，改善すべき点を話し合いました。事後とはいえ，謝れたときはさりげなくほめました。母親が PCIT のセッションごとにつける反抗的行動の評価表は，開始前の 2/3 まで点数が下がり，大雅くんが母親に自然に甘える姿が観られるようになりました。ただし，大人への不信感や低い自尊心が大きく改善した印象はありませんでした。

新学期になり試験登校を繰り返し，学校でも同様の対応をとってもらうことを支援会議で確認し，退院となりました。

まとめ

キレる子どもの入院治療においては，入院目標のレベルを明確にします。医師による暴力や迷惑行為を許さない枠付けの中で，看護師を中心に問題行動の背景にある悲しみや辛さ，親へ怒りなどの気持ちを共有し，言葉にして意識化させる働きかけを行います。この作業を忍耐強く繰り返すことにより暴力や対人関係上の問題が軽減すれば，行動を修正するという治療目標は達成したと言えます。しかし，それすらも幾多の困難が伴うものな

のです。

◘ コラム9-1　PCIT（親子相互交流療法）

　PCIT とは，Parent-Children Interaction Therapy の略で，ペアレントトレーニングを古典的な遊戯療法に統合した治療プログラムです。親子間のアタッチメントの回復と親の適切な命令の出し方の 2 つを中心概念とした行動療法で，反抗的な子どもに対する治療効果や予防の可能性が期待されています。

　治療室内で親が子どもと遊び，セラピストは隣室からマジックミラー（あるいはビデオモニター）越しにトランシーバーを使って親にスキルをコーチします。問題行動を呈する 2 歳〜 7 歳くらいの子どもと親が最適対象です。セッションの長さは 1 回 60 分〜 90 分で，通常 12 〜 20 回行われます。

　プログラムは，前半が子ども指向相互交流（CDI；Child-Directed Interaction），後半が親指向相互交流（PDI；Parent-Directed Interaction）という 2 部で構成されます。CDI，PDI 共に，親のためのティーチングセッションを行います。治療者は，教示した手法を親が十分に理解したことを確認し，その上でコーチングセッションに進みます。ティーチングセッションにおいて，治療者から親に教示された手法が，コーチングセッションでは親から子どもに対して使用されます。

　CDI は，子どもが主導して遊ぶ中で，親子の絆を強化するために，親が行動を実況する，言葉を繰り返す，行動を具体的にほめるという適切な関わりを学びます。また，子どもの言葉を否定・批判することはもちろん，子どもに質問することも禁じられます。子どもの肯定的な行動に注目して，危険性が明白ではない限り，子どもの否定的な行動は無視します。

　PDI は，子どもではなく親が主導で行われます。親は，子どもと遊びながら効果的な命令の出し方や，子どもの行動修正に効果的であるタイムアウトの手続き，実生活上での子どもの行動を管理する手法を学びます。

　詳しくは PCIT–Japan のホームページ（http://pcit-japan.com/）をご参照ください。

第10章 教育・児童福祉関係者の悩みに答える

　この章では，私がこれまで耳にした教育・児童福祉関係者の質問や悩みにお答えします。

1. キレる子どもの支援をしていて困ること

　根本的なところの適切な支援が必要であると思うが，周囲への迷惑度が高いので行為にばかり目がいってしまう。注意ばかりになってしまい，子どもとの人間関係づくりが難しい。

　その通りです。つい，問題行動に目がいってしまいます。それは彼らがそうさせているのです。彼らは，そうして大人との関わりを持とうとするのです。
　問題行動は子どもからのSOSという意識を強く持ちましょう。もちろん，迷惑や影響がありますから，行動は適度に律しなければなりませんが，注意や指導は必要最小限にして，それ以外の時間を共有しましょう。

　信頼関係の構築後，生徒と2人の状況で足をなででくれ，腰をもんでくれなどの母親にするような要求をされることがある。大抵，不機嫌，情緒不安定の心理状態にあるので拒否するとキレることになる。その場を離れる，距離をとるなどの方法以外に言葉や態度で本人に伝える方法があったら知りたい。

学校や施設では，原則として子どもとの身体接触は避けるべきです。病院ではマッサージをすることはありますが，それも異性であればNGです。まず，この原則を職場でしっかり確認した上で，子どもにそれを話しましょう。これは好き嫌いの感情ではなく，ルールであると告げましょう。

　もし，ルールであることを認識しているのに，それでも求めてくるのであれば，それは支援する大人の心構えが試されているのです。キレる子どもは愛情希求に貪欲です。同情する気持ちから，「このくらいならいいか」と許す気持ちがあると，その後は「もっともっと」と要求されることになります。大人の方で，心の中のけじめをしっかり付ける必要があります。

　キレる子どもは，ダメなものはダメで枠付けすると言葉が荒くなり，壁を蹴る等の派手な行動を起こすので，関係性が壊れてしまわないか，この先はどうなるのだろうと不安にもなります。どうしたらいいのでしょうか？

　支援教育の経験が長い先生は，「こうした子どもたちのほとんどは，ダメと言われて荒れても，しばらくすると，ご機嫌をとるように，「先生……」と声をかけてきます。ダメと言われたことを本当に恨む子どもはいません」とおっしゃいます。大事なことは子どもを思う気持ちです。ダメと言うことが本当にその子のためになる，という思いを込めて枠付けを行えば，その気持ちは伝わります。

　逆に，その子の機嫌を損ねないようにと，ダメなものもダメと言わないでいると，"子どものためには何をするのが本当なのかをないがしろにしている"という事実が伝わります。相手の不機嫌を怖がらずに，ダメはダメで通し，なぜ，自分がダメだと言う

第 10 章　教育・児童福祉関係者の悩みに答える　169

のかの理由を伝えていくことが大切です。

社会的マナーやルールを習得させるのがかなり困難です。

　キレる子どもたちにマナーやルールを習得させるのは確かに困難です。そもそも，反抗的な子どもがそれらを習得しようという気持ちがあるかどうかは，疑わしいところです。
　一度にあれもこれもとは考えず，今，必要なルールを1つ（かせいぜい2つ）に絞り，それができたらほめることを積み上げていきましょう。

キレることが性格，特性，生活習慣，どこからくるものなのか，ある程度の時間を一緒に過ごさなければわからないため，その間の対応がしにくい。

　キレることは，性格からなのか，特性からなのか，生活習慣（養育）からなのか判別はできません。それは1人の子どもの中で生じていることだからです。判別に迷うときは特性と考えましょう（第2章を参照）。

いつキレるかわからない。何気ない一言でキレる。どのような手立てを打てばキレずに過ごすことができるのか。

　こだわりから，過去の記憶のフラッシュバックから，被害的な認知から，こうした子どもは急にキレることがあります。だからこうした子どもに接するには緊張感が伴います。
　予測は困難です。危機介入した後に，「なぜキレたのか？」を振り返りましょう。その中でその子のキレるパターンを見つけま

しょう。例えば，過去の記憶のフラッシュバックからキレる子であれば，その子のNGワードを集めましょう。

それでも完全な予測は難しいことは，心に留めておきましょう。

暴れ出してほかの子にケガをさせてしまうことがこわい。

確かにおっしゃる通りです。たいへんな子どもがいると，その子の方にばかり目が行き，ほかの子どもには「ああいう子だから我慢して」という対応になってしまうことがあります。その子どもだけを考えればいいのなら，暴れることも許容できるかもしれません。しかし，ほかの子にケガを負わせたり，不安から不登校になるなどの重大な影響は絶対に避けなければいけません。

もし，どうしても暴れる子どもが指導に従わず，暴力が日常的に振るわれるようであれば，その子どもをほかの子どもから物理的に離す何らかの対処（個別対応，登校停止など）を検討すべきでしょう。

一緒に体を動かす，思い切りエネルギーを発散するなどの支援が大事ではないでしょうか。

おっしゃる通りです。身体を動かすことは気分を安定させる作用があります。キレる子どもは，エネルギーを発散させることで余計な興奮をせずに済むようになります。

気をつけるべきは，集団で運動する場合，その場でキレることがありうるので，そのリスクをしっかり評価し，対策を考えておくべきということでしょう。

2. 家庭について

Q 環境（特に家庭）の影響も大きいが，家庭への介入は拒否されることが多く，介入できても家庭を変えることは難しい。

A 一般に，学校教師は家庭への介入に苦手意識を持っていることが多いようですし，実際，介入を拒否されることもあるでしょう。しかし，児童相談所での相談や病院では家族関係や家庭での関係性に介入します。この差はなんでしょうか？

それは，親が相談したいと思っているかどうかです。

相談したくない，あるいは相談する気がないものを「介入」しようとすれば，それは拒否されても当然です。まずは親との関係を築きましょう。その上で，その親が困っていることに焦点づけます。例えば，アルコール依存の父親が問題だとしても，いきなり学校に呼びつけて指導する……などは論外の行為です。まず母親と関係性を築いた上で，誰が父親を支えられるかを支援者全員で考えて行く，という風に段階を踏んで対応しましょう。

Q 高学年になったら何とかなる，担任が変わったら何とかなるという意識の親にどのように本人の苦しさを伝えていくか，難しさを感じる。

A 難しい親御さんはいます。問題があっても，そこに目を向けず，時間が解決すると主張したり，学校のせいだと責めたりすることもあるでしょう。

しかし，対立することにメリットはありません。まずは，親御さんの話を聞き，困りごとに焦点づけ，信頼関係を築きましょう。急がば回れ。暴力には介入するとして，親御さんには，本人の抱

えている辛さや怒りを地道に伝えていきましょう。

障害特性があるために育て難く，良い母子関係が築けない。でも，障害特性を認めたくない，受け入れられない，という状態の保護者が支援者とつながりにくい。

障害特性を受け入れられないという場合は，「障害」というネーミングが受け入れられないことがほとんどです。こうした保護者に対しては，ADHDやASDという単語を用いずに「落ちつきがない」「こだわりが強い」「うまく気持ちを伝えられない」といった個々の特性に対してどうしたらいいのか？　という形にもっていくと，話がつながります。

「それでは医療とつながれない」と言われるかもしれませんが，診断は必須ではありません。私は，診断されていないものの，限りなく疑わしいADHD／ASDの子どもを「みなしADHD／ASD」と呼んでいます。発達障害への対応はユニバーサルデザインです。心の中ではASDと思い，発達障害に対する対応を保護者に勧めていきましょう。

3. 支援する体制について

スクールカウンセラーの立場では，その子にとっての「日常」とは別の「特別」の関わりで相談支援を行うしかなく，肝心な指導の現場にいられない。翻って「日常」である学校や家庭にはキレなくて済む状況が作られにくい。

カウンセラーや医師が相談や診療の場で，キレる子どもを扱うことは難しいものです。そうした立場の人は，子どもとの関係は

第 10 章　教育・児童福祉関係者の悩みに答える　173

ゆっくり作り上げながら，支援全体を俯瞰し総括する役に回り，親や現場の支援者の相談を受けたり，アドバイスを行う方法があります。こうした子どもへの対応はとても難しいため，総括して客観的な意見を言ってくれる人の存在が現場では助かるものです。

Q　キレやすい生徒をカウンセラーや医療につなげにくい（嫌がる生徒が多い）。

A　キレる子どもは自尊心が低いことは第1章で述べました。一方，カウンセラーに相談したり，病院にかかるということは，"異常"という烙印を押されることだと子どもたちは感じ取ります。身近な大人が支援することが一番であり，有効な方法です。そのためにこの本は書かれています。

Q　発達特性が緩和されていく条件は何でしょうか？

A　発達特性というものは基本的に変わらないものです。特にコミュニケーション能力や刺激に対する認知能力は，年齢が上がるに連れて向上はするものの，その歩みはゆっくりであり，数週間・数カ月で変わるものでもありません。

ただ，こだわりについては若干，緩和される余地があると私は思っています。

こだわりとは，発達障害の子どもが，自分の周りの環境をいつもと同じにすることによって，精神的安定を図る試みと考えられます。だから，不安が強いとこだわりも強まります。本人の特性が変わるわけではありませんが，現象として現れる機会や程度が増えるわけです。このため，その子どもが不安を感じることが減

るような，予測しやすい環境を作ってあげたり，視覚化を用いて丁寧に状況を説明してあげることがこだわりの緩和につながると思われます。

Q 自分の中で感情が増幅していき，接触や関わりを持てないときがある。

A　キレる子どもに対応することは，かなり精神的負担を強いられます。その子どもと良い関係が築ければいいのですが，反発されたり無視されると，支援する大人の自己愛が傷つき，一緒にいるのが嫌になります。

　こういう時は，まず，何が自分の内面で起きているのかを理解しましょう。子どもに反抗されたり拒否される場合，通常支援する大人は，それは自分の落ち度だと感じます。そして自責的になり落ち込みます。それは本当でしょうか？　もし，あなたが関わる子ども全員があなたを拒否したり反発するのであれば，自分の性格を見直す必要があるかもしれません。しかし，通常そんなことはなく，うまくいく子もいれば，いかない子もいるでしょう。つまり，うまくいかない子どもの場合は，その子の持つ病理があなたとの関係に投影されて，感情的な反応が生じているのです。だから，あなたの落ち度や性格が悪いわけではないことを理解しましょう。

　その理解の上で，まずはしばらく距離をとってください。その上で，どうしても関係性が膠着して，自分も感情的に反応してしまうということであれば，役割を交代することを考えましょう。

第 10 章　教育・児童福祉関係者の悩みに答える　175

　キレることと性犯罪は，衝動制御が難しいという点で似ているように思われ，心配です。発達障害のある子どもへの性教育がもっと議論される必要があると思う。

　ご心配はもっともです。今回はデータを示していませんが，第1章で引用した調査でも，暴力が主訴で児童自立支援施設に入所している子どものうち，約4分の1の子どもは性加害を行っていました。それは発達障害が原因ではありませんし，性教育だけで解決できるわけでもないと思いますが，「もっと議論される必要がある」というご意見には賛成です。

　生徒指導係，担任，SC，相談員，養護教諭など多職種の人間が連携する時の留意点を教えてください。

　かつては「学級王国」という名称があったほど，子どもの指導に占める担任の役割と責任は大きかったと思います。しかし，ADHD や ASD を持つ子ども，いじめや不登校，貧困，そしてキレる子どもなど，多種多様な問題を抱える子どもに対応しなければならないのが今の教育現場です。とても1人の人間が対応しきれるものではありません。質問にもあるように複数の人間が協力して対応するべきですし，それが現実的です。

　多職種が連携する場合の留意点は，お互いの立場を尊重することです。組織の中にはヒエラルキーが存在するのが当たり前ですが，それぞれの専門性からの思考や発言を含めて，お互いをいかに思いやれるか，尊重できるかが連携の善し悪しを決めると思います。

4. 児童養護施設などでの対応

　器物破損に至った後の本人の責任の取り方はどうしたらいいでしょうか？

　わざとやった場合でも，偶発的に破損した場合でも，落ち着いた後で謝罪と片付けはやらせましょう。中には「わざとじゃない」と主張する子どももいますが，それが本当でも本当でなくても同じです。自分がしたことの責任をとることを覚えるのは大事なことです。なかなかやらない子は，そばについてアドバイスしながら一緒に片付けさせましょう。

　暴力を振るった場面を見つけた場合，振るわれた子どものところに職員が行くことで暴力を振るった子がさらに反応して怒りだすことがあります。かといって暴力を止めようとすると「何で自分だけ」と言って怒りだします。どう対応したらいいでしょうか？

　どんな理由があっても暴力は認める訳にはいきません。そこは明確にすべきことと思います。そうでないと「（自分にとって正当な）理由があれば暴力を振るっていい」ということになってしまいます。

　その一方で，片方が全く一方的に暴力を振るったという明白な証明ができない限りは，ケンカ両成敗が基本です。これは施設でも学校でも言えることです。一般には，年長の子どもが「お兄ちゃん（お姉ちゃん）だから」と怒られることが多いですが，罰を与えるなら，暴力を振るった方も振るわれた方も公平に与えられるべきだと私は考えています。

第 10 章　教育・児童福祉関係者の悩みに答える　177

　キレる子どもが 2 人以上いる場合，同時にヒートアップされたらどうしたらいいでしょうか？

　このあたり，施設の支援環境の問題もありますね。それでも暴力や喧嘩の危機介入にあたって，1 人で対応することは危険です。子どもと大人，お互いの安全のためには，管理者を含む勤務外の人間が応援に駆けつけるなど，複数で対応できるような支援体制を考えるべきでしょう。

　抱えてあげたいが暴れ過ぎて抱えられない。どうしたらいいでしょうか？

　暴れている子を 1 人で抱えるには技術が要ります。幼児さんや小学校低学年くらいまでなら可能かもしれませんが，高学年以上の子どもに関しては，よほど腕力に自信がなければ，危険物を片付けて興奮が収まるまで見守りましょう。

　その子が暴れる要因について，よく分析できておらず，きっとふさわしい対応があるんだろうと思いながら出来ていない。

　養護施設の労働環境は厳しいものがあります。日々の養育で手一杯になってしまっているのでしょう。ただ，日々の支援に流されるだけになってしまうと，長い目で見た時，結局，不適切な対応を繰り返していただけ，とならないとも限りません。その時どきに，その子どもに関わるスタッフ全員で何が起きているのか，どう対応したらいいのかを振り返ることが重要です。担当だけではわからないことでも，ほかの視点があれば理解できることもあ

ります。対応についても先輩やほかのスタッフのやり方が参考に
なるでしょう。なにしろ，話し合う場を設けることが大切だと思
います。

付録

1. 反抗挑発症に対する
SST（ソーシャルスキルトレーニング）
資料
p.180〜 ［本文 p.140参照］

2. ペアレントトレーニング
資料
p.193〜 ［本文 p.145参照］

◆謝辞
SST 資料は，私が信州大学医学部附属病院子どものこころ診療
部で診療していた際に，臨床心理士の疋田祥子さん，作業療法士
の田中佐千恵さんとともに作成した SST 資料に基づき作成した
ものです。今回，本書の出版に際し，資料を提供してくださった
お二人に深く感謝いたします。

付録1 反抗挑発症に対する SST(ソーシャルスキルトレーニング)資料

1. SST の1回の流れ

時間	テーマ	内容
0:00	挨拶，今の気持ち	挨拶した後，今の気持ちについて，表情，気持ちに当てはまる言葉を表情シートから選択し，その理由について発表する。（初回は自己紹介）
0:10	宿題の確認	2週間の間の宿題について確認し，発表する。
0:20	アイスブレイク	気持ちをほぐすためのゲームを行う。
0:30	今回のスキルの学習	各回のテーマに沿った講義を行う。
1:00	演習	テーマに合わせたロールプレイ，ゲームなどを行う。
1:20	今の気持ち，宿題提示	今の気持ちについて，表情，気持ちに当てはまる言葉を表情シートから選択し，その理由について記述し発表する。宿題を提示する。

2. SST のプログラム（テーマと内容）

回	テーマ	目的	内容
第1回	オリエンテーションと会話の基本	会の目的を理解する	会の目的について説明
		お互いのことを知りあう	自己紹介
		グループのルールを理解する	①座って静かに聞く，②話す時は手を挙げる，③ほかの人が話し終わってから話す，を提示する。
		人と会話をするときのポイントについて理解する	人と会話をするときのポイントとして，①相手の顔を見る，②最後まで聞く，③あいづちを打つ，を提示する。
第2回	いろいろな気持ち	気持ちにはいろいろな種類がある，ということを学ぶ	表情カードに気持ちを表す言葉を当てはめる。そのカードと言葉を喜怒哀楽に分けてもらう。
		気持ちの温度計を用いて，気持ちの強さを表現することを学ぶ	先ほどの表情カードと気持ちを取り上げ，それぞれ何度くらいか，温度計に記入させる。
		気持ちも強さも人によって違うことを学ぶ	リーダーが，怒りを感じた具体的状況を挙げ，その時の気持ちと強さ，体の変化を例示する。

第3回	怒りを表現する	怒りが爆発する原因を知る	ほかの人の，どのような行動や態度が「ムカつく！」という気持ちにさせるかを考えさせる。
		怒る時の体の変化について学ぶ	怒る時の体の変化を知る。
		怒りを言葉にすることで爆発が防げる可能性について学ぶ	怒りを感じた場面で，手順に沿って，適切に表現させる。
第4回	クールダウンスキル	気持ちの爆発によって起こる，3つの損について学ぶ	気持ちの爆発によって，①時間とエネルギーの無駄遣い，②人との関係が壊れる，③自分も周りも傷つく，を説明する。
		気持ちが爆発した後で気持ちを落ち着けることを学ぶ	気持ちを落ち着けるポイントとして，①落ち着くための行動，②気持ちを切り替えるセルフトーク，③自分を応援する言葉を考えてもらい，ロールプレイを行う。
		物を壊してしまったり，誰かを傷つけてしまったら責任を取ることを学ぶ	物を壊してしまったり，誰かを傷つけてしまったら，元に戻すこと，謝ることの大切さを伝える。
第5回	思いやりスキル	キレないで済むように思いやりスキルを学ぶ	思いやりスキルの説明をする。
		ひとを思いやる5つのポイントを学ぶ	①ちくちく言葉でなく，あったか言葉を言う，②「ありがとう」と言う，③応援する，④助ける，⑤いいところをほめる，を提示する。
			ちくちく言葉を言ってしまった時には謝ることを教える。
第6回	問題解決スキル	問題解決の手順を学ぶ	①怒りを感じる理由を言葉にする，②落ち着く，③相手の言い分を考えてみる，④両者の中間で解決する方法を挙げる，⑤チェックする。
			最近あった，友達とのトラブルを思い出し，手順に沿ってロールプレイを行う。

182

3. SST 講義資料

第 1 回　オリエンテーションと会話の基本

◆目標
グループのルールと人と会話するときのポイントを学ぶ

◆会の目的
あなたは，お家の人から怒られたり，思い通りにならないことが多くてストレスがたまっていませんか？　自分の気持ちをどう表現していいのかわからなかったり，悪いとわかっているんだけど行動を止められなかったり，ということはありませんか？
このグループでは，皆さんが持っているストレスを上手に発散し，気持ちを落ち着けて，大切なことを周りの人に伝えられる方法をみんなで学んでいきます。

◆グループのルール
みんなで気持ちよく活動するためのルールです。
ルールを守っているとシールがもらえるよ。がんばろう！

①座って静かに聞く
決められた場所に座ります。
モゾモゾしたり，お尻が離れないようにしよう。
口を閉じて声を出さないようにします。

②話すときは手を挙げる
言いたいことがあるときは，手を挙げます。
手を挙げるときも，「座って静かに」ね！

③ほかの人が話し終わってから話す
相手の話が終わったら，自分の考えや気持ちを話しましょう。タイミングがわからないときは，「話してもいい？」と聞いてから話しましょう。

※グループのルールは，こんなときにも使えます。
　・授業のとき
　・集団で議論するとき
　・電車やバスに乗るとき（②はナシ）

◆人と会話するときのポイントは次の３つです。
　① 相手の顔を見る

話をしている人のほうに顔を向けましょう。相手に背中を向けたり，キョロキョロしないようにしましょう。

②最後まで聞く
話は終わりまで聞きます。途中で言いたいことや質問が思い浮かんでも，口を閉じたまま待ちましょう。

③あいづちを打つ
あいづちとは"うんうん"とうなづいたり，「へー」「ふーん」「そうなんだ」と言うことです。あいづちを打つと，話している人は「ちゃんと聞いていてくれているな」とわかり，安心して話すことができます。

◆**宿題**
次回までに，会話のポイントを使った場面と感想を記録してきましょう。

第2回　いろいろな気持ち

◆**目標**
気持ちにはいろいろな種類があることと，気持ちの強さを表現することを学ぶ

◆**いろいろな気持ち**
気持ちは，その時その時によって違います。同じ場所にいて同じことをやっていても，人によって違います。今日は，気持ちにはいろいろな種類がある，ということを確認しておきましょう。

◆**喜怒哀楽**
四字熟語で，『喜怒哀楽』という言葉があります。気持ちは，この4つのグループに分けてみると，考えやすいかもしれません。

これは表情カードといいます。
それぞれ，どんな気持ちでしょう？
それは，喜・怒・哀・楽の
どのグループの気持ちでしょう？

◆**気持ちは人によって違います**
　気持ちが変化する時は，必ず何か出来事があります。その出来事についてどのように思うかで，気持ちが決まります。

> 運動会の日に雨が降りました。
> あなたはどう思いますか？
> それはどうして？
> それでどんな気分になる？

　例：私だったら，運動会中止だ！　よかったって思います。なぜかというと，
　　　運動が苦手だから何をやってもうまくいかないので，運動会は憂鬱で仕方
　　　ないからです。だから運動会の日に雨が降ったら，うれしい，安心した気
　　　持ちになります。
（※もしみなが似たような気持ちなら，そうではない気持ちをスタッフが言う）

◆**気持ちの温度計**
　同じ気持ちでもその強さはさまざまです。
　気持ちが一番弱い時を1度，一番強い時を10度として，
　気持ちの温度を表すことができます。

> 先ほどの表情カードと気持ちを見てください。
> それぞれ，何度くらいだろう？

◆**気持ちも温度も人によって違います**
　気持ちは，同じ種類でも，ぴったりくる言葉は違いますし，感じ方の程度が違います。

　私だったら
　怒りが5度くらいの時は（※リーダーが怒りを感じた具体例を挙げる）。
　　　　10度の時は（※リーダーが怒りを感じた具体例を挙げる）。

　体の感じも変化します。
　・おでこのあたりが熱くなる
　・歯を食いしばる
　・手に力が入る／入らなくなる
　・目を見開く
　・眉間にシワがよる
　・涙が出る
　・声が大きくなる／小さくなる　などなど

付録 1 SST 資料　185

◆表情から気持ちを当てるゲーム

これからスタッフが，与えられたお題で気持ちを表現します。
その気持ちと強さを答えてください。

① 大好きなゲームをなくしてしまいました
② 仲良しの友達の家に遊びに行くことになりました
③ 友達が遊んでいるおもちゃを横取りしました
④ 雨がザーザー降りだしました
⑤ サンドイッチを食べようとしたら髪が入っていました
⑥ ジャンパーのジップがうまく閉まりません
⑦ 先生があなたの好きな動物の話をしました
⑧ 新しい学校に通い始めました

◆宿題

次回まで，喜怒哀楽，それぞれの気持ちを感じた場面と表情，温度を記録してきましょう。

第3回　怒りを表現する

◆目標

怒りを言葉にすることで"爆発"を防げる可能性について学ぶ

◆怒りとは

怒りは，自分の身の回りで起こった出来事に対して，それを正当ではないと思い（不当性），わざとやった（故意性）と解釈することから生じると考えられています。
怒りは基本的感情の一つであり，大切な感情です。怒りをコントロールできないことが不適切であり，あらゆる問題を引き起こしてしまいます。

◆嵐の前の静けさ ～怒りが爆発する原因は？～

怒りが爆発する原因を知ることは，トラブルを避ける第一ステップです。
ほかの人のどのような行動や態度が「ムカつく！」という気持ちにさせますか？　下に書いてみましょう。

◆**危険なサイン ～怒る前の赤信号，危険なサインは？～**
　怒りが爆発するとき，私たちの体の中ではたくさんの感情が駆け巡り，態度
も変化します。この"赤信号"に気づけば，行動の前に一度冷静に考えられ
るようになります。
　怒りが爆発する時，どんなサインを感じますか？
　当てはまるのに○をつけましょう。

> （　）心臓がドキドキする　（　）顔が紅潮する　（　）早口になる
> （　）大声になる　（　）頭が真っ白になる　（　）ため息がでる
> 　その他（　　　　　　　　　　　　　　　　　　　　　　　　　　　　）

◆**怒りを言葉にすることで"爆発"は防げる**
　怒りは，溜め込むとマグマのようにこころの中に溜まっていきます。
　決してなくならず，爆発するときを待っています。
　だから，上手に怒りを表現しましょう。方法としては，
　①距離……離れすぎず近すぎず，適当な距離をとります。
　②姿勢……のけぞったり，うつむいたり，後ろを向いたままではなく，背筋
　　　　　　を伸ばして相手の方を向きます。
　③視線……相手の方へ視線を向けます。ただし視線を合わせることが苦手な
　　　　　　人の場合は，強要してはいけません。
　④表情……怒った顔ではなく，普通の顔で話します。
　⑤音量……大きすぎたり小さすぎたりしない，適度なボリュームで話します。
　⑥セリフ……言い放つのではなく丁寧に聞こえるセリフを選びます。また，
　　　　　　　相手の気持ちにも触れます。
　　　　　　　×　「お菓子返して！」
　　　　　　　○　「あなたもその菓子を食べたいのでしょう。でも，それは
　　　　　　　　　私が食べたいと思って取っておいたのだから，返して」

◆**怒りを適切に表現しましょう**
　最近，怒りを感じたときのことを思い出しましょう。
　その怒りは，上手に表現できましたか？
　できなかったのなら，先の手順に沿って，上手に表現し直してみましょう。

　（※スタッフは，宿題のシートから，最近あった「怒った」気持ちになった
　　時の状況を確認する。適切に表現していれば，それを発表してもらう。
　　"爆発"してしまったのであれば，手順に沿って，怒りを適切に表現する
　　ロールプレイを行ってもらう）

◆**宿題**
　次回までに，怒りの気持ちを感じた場面と表情，温度と体の変化を記録して

付録 1　SST 資料　187

きましょう。さらに，怒りを言葉にすることで"爆発"を防げたら，それも記録してきましょう。

第4回　クールダウンスキル

◆目標
怒りを爆発させた後で気持ちを落ち着けることができる

◆怒りが爆発すると損をします
それは膨らんだ風船が爆発するみたいです。（※膨らませた風船を割ってみせる）
イライラや怒りが続くと，爆発が起こります。そして，
①時間とエネルギーの無駄遣い
②人との関係が壊れる
③自分も周りも傷つく
という 3 つの損をします。

例：遊びに行った友達の家で，友達がゲームを貸してくれないことで，爆発しました。すると，3 つの損をしました。
①言い合いになり，家に帰りました。とても疲れました。
②その子には「もう遊ばない」「友達の縁を切る」と言われました。
③あんなことでキレるんじゃなかったと，後悔しました。友達も同じ気持ちになっているでしょう。

◆それでも怒りが爆発してしまったら，気持ちを落ち着けましょう
①あなたが，落ち着くためにとる行動はなんですか？
　下に書いてみましょう。

例：その場から離れる，10 数える，深呼吸する

②あなたが気持ちを切り替えるための言葉はなんですか？

例：「まあいいか」「次はいいことあるよ」

③あなたが自分を応援するための言葉はなんですか？

例：「絶対大丈夫」「できたらチョコレート」

◆ロールプレイ
遊びに行った友達の家で，友達がゲームを貸してくれませんでした。
友達（スタッフ）を相手に，クールダウンしてみましょう。

◆気持ちが落ち着いたら責任を取りましょう
自分のしたことには責任を取りましょう。物を壊してしまったら直す。散らかしたら片付ける。誰かを傷つけてしまったら謝ることは，大切です。

◆宿題
次回までに，生活の中で気持ちを落ち着ける3つの方法を使って，怒りをコントロールしましょう。

第5回　思いやりスキル

◆目標
キレないで済むように人を思いやることができる

◆思いやりスキル
一緒に生活や活動をする人たち（例えば家族や友達など）の気持ちを考えて適切な声がけをしたり，相手を傷つけるような声がけをしないことはとても大切です。そうすることで自分も相手も気持ちよく活動に取り組めるようになり，さらには人とのよりよい関係を築くことができます。

◆思いやりスキルの大切なポイント
このスキルは，相手の気持ちを大切にする「思いやり」を伝えるためのコツです。ポイントは次の5つです。
①ちくちく言葉でなく，あったか言葉を言う
ちくちく言葉は，相手を不快にさせたり傷つけたりする言葉です。たとえ冗談であったとしても，「そんなこともできないの？」「お前ってバカだね」などと相手をバカにするのは，ちくちく言葉です。
また，相手がルール違反をしたことを指摘することも，そのこと自体は正当であっても，場合によってはちくちく言葉になってしまいます。

あったか言葉は，相手がほっと安心でき，いい気持ちになれる言葉です。

② 「ありがとう」と言う
「ありがとう」という言葉は，「有り難う」と書き，たいへん貴重だという意味です。『あなたがしてくれたことは，私にとって，たいへん貴重なことです』という感謝の気持ちを伝えています。
「ありがとう」と言われることは，誰にとっても嬉しいことです。だから，誰にでも何かをしてもらった時には，必ず「ありがとう」といいましょう。

③ 応援する
誰かが何かに取り組んでいる時や，うまくできなくて泣きべそをかいている時は，「がんばれ」と応援します。応援してもらうと，みんな，「よし！もう少しやってみよう」と勇気が湧いてきます。疲れも吹き飛びます。もし，結果が出なかったら「どんまい」「次，頑張ろうよ」と声をかけます。
たとえ冗談であったとしても，「ダメだなぁ」「僕ならできるのに」等と相手をバカにするようなことは言いません。

④ 助ける
相手が困っている時やどうしていいかわからず行動がストップしてしまっている時は，「どうしたの？」と声をかけます。そして，可能であれば，手助けをします。
「別に」「いいよ」と言われることもあるかもしれません。そういう時は「もし，私にできることがあれば，声をかけてね」と伝え，相手からの声かけを待ちましょう。

⑤ いいところをほめる
テストで良い点を取った，試合で勝った，というような結果が出た時には，「すごいね」「良かったね」と声をかけます。たとえ，結果が出なくても，相手が努力している姿，真剣に取り組んでいる姿を見かけたら，「頑張っているね」とほめてあげましょう。
「やっとできたの？」「（結果は）それだけ？」等，皮肉っぽい発言は適切ではありません。

※ 謝る
衝動的に，どうしても我慢ができなくて，ちくちく言葉を言ってしまった時は必ず謝ります。
ひどく怒っていたり，イライラしている時には，すぐ謝ることは難しいので，クールダウンスキルで気持ちを落ち着けてから，謝るようにしましょう。その時は，何て謝ろうか具体的なセリフを考えて，どのような態度で言うか練習してから相手に謝る方がスムーズにいくでしょう。
また，「ごめんね」というあったか言葉でも，表情や態度（言い方）によっ

てはちくちく言葉になってしまうので注意しましょう。

◆クイズ 「あったか／ちくちく，どーっちだ？」
これから，「あったか／ちくちく，どーっちだ？」クイズをします。
のびお君やジャイ太君が言ったセリフが，あったか言葉かちくちく言葉か選んでみよう。

①ジャイ太君がみそ汁をこぼして，のびおくんの皿に入ってしまいました。
　のびお：あーあ，給食にみそ汁入った〜，最悪〜

②テストが返ってきました。
　ジャイ太君は 100 点，のびおくんは 20 点です。
　ジャイ太：お前，20 点かよ。だっせ〜

③同じ場面でのびおくんがこんな風に言ったらどうでしょうか？
　ジャイ太：20 点かぁ，（いやみったらしく）すごいねー

次に，①②③を，あったか言葉で言い直してみてください。

◆宿題
家で，あったか言葉を使ってみましょう。
・おやつのときに，あったか言葉を使ってお話しする。
・夕食のときにお母さんに，「ごはんを作ってくれてありがとう」と言う。
・きょうだいで遊ぶ時に相手を応援する。

第6回　問題解決スキル

◆目標
キレないで済むように問題を解決することができる

◆問題を解決する
大人や友達との間では，さまざまな問題が生じます。それにいちいちキレていては，大人も友達もあなたといることが苦痛になり，離れていってしまうでしょう。
そうならないために，キレずに問題を解決できるように練習しましょう。

付録 1 SST 資料　191

◆問題解決の手順
これにはセカンドステップの考え方が有効です。
セカンドステップで勧めている手順は，
ステップ 1 ：自分が怒りを感じる理由を言葉にしてみる
ステップ 2 ：落ち着く（深呼吸する，数を数えるなど）
ステップ 3 ：相手の言い分を考えてみる（あるいは思い出す）
ステップ 4 ：両者の中間で解決する方法をできるだけ多く挙げる
ステップ 5 ：チェックする。チェックポイントは，次の 4 つです
　　　　　　①（心の面でも体の面でも）安全か？
　　　　　　②自分と相手はどう思うか？
　　　　　　③自分にも相手にも公平か（どっちかが損や得をしないか？）
　　　　　　④それはうまくいきそうか？
ステップ 6 ：実行してみて，結果はどうだったか確認する

実際の場面で見てみましょう。
学校で，あなたがパソコンを使おうとしています。そこに別の子が割り込ん
できて，「このあとの授業で使うプリントを作るよう先生に頼まれたから，
先に使わせろ」と言います。いつもならキレて言い合いになるところです。

ステップ 1 ：自分が怒りを感じる理由を言葉にしてみる
　　　　　　　　→俺のほうが先に使おうとしていた。早い者勝ちだ
ステップ 2 ：落ち着く
　　　　　　　　→ふー，深呼吸だ
ステップ 3 ：相手の言い分を考えてみる（あるいは思い出す）
　　　　　　　　→あいつはこのあと授業で使うプリントを作らなきゃいけな
　　　　　　　　　いから急ぐって言ってた
ステップ 4 ：その両者の中間で妥協する方法をできるだけ多く挙げる
　　　　　　　A．じゃあ，あいつがプリントをすぐ作って，終わったら俺が
　　　　　　　　そのあと 1 時間使う
　　　　　　　B．職員室の別のパソコンを使えるよう，先生に頼んでみる
ステップ 5 ：チェックポイント（A 案に関して）
　　　　　　　①（心の面でも体の面でも）安全か？
　　　　　　　　→大丈夫。喧嘩にならない。
　　　　　　　②自分と相手はどう思うか？
　　　　　　　　→俺はちょっとガマンしないといけない。でも長くパソコン
　　　　　　　　　が使えるからいい
　　　　　　　　あいつだって，プリントが作れればいいはずだ
　　　　　　　③自分にも相手にも公平か？（どっちかが得をしないか？）
　　　　　　　　→お互い様だ
　　　　　　　④それはうまくいきそうか？
　　　　　　　　→たぶんうまくいく！

ステップ6：実行してみる。結果はどうだったか？
　　　　　　　→うまくいった！

◆ロールプレイ
それでは，最近あった，友達とのトラブルを思い出して，問題を解決してみ
ましょう。

ステップ1：自分が怒りを感じる理由を言葉にしてみる

ステップ2：深呼吸する

ステップ3：相手の言い分を考えてみる（あるいは思い出す）

ステップ4：その両者の中間で妥協する方法をできるだけ多く挙げる

ステップ5：チェック！
①それを言って解決できそうか？→□
②実行できるか？→□
③自分と相手はどんな気持ちになりそうか？

④自分にも相手にも公平か？→□

◆宿題
家や学校で問題解決スキルを使ってトラブルを解決してみましょう。

付録2 ペアレントトレーニング資料

1. ペアレントトレーニングの1回の流れ

時間	テーマ	内容
0:00	振り返り （初回は自己紹介）	前回の宿題をもとに，感想や家庭で実践してみて困った点を聞き取る。参加者のがんばりをねぎらう。
0:10	講義	各回の内容についてレジュメをもとに講義する。
0:40	ロールプレイ	各回の講義を実際の場面で使うための演習。①スタッフの実演　②各家庭の子どもに言って聞かせるセリフをスタッフと考える　③参加者の演習
1:10	ティータイム	講義の内容についての質疑応答，ロールプレイを終えての感想，その他フリートーク
1:25	宿題提示	宿題の提示。次回の予告。

2. プログラム

回	学ぶスキル	内容
1	オリエンテーション・行動を3つに分ける・上手なほめ方	行動を3つに分け，上手なほめ方を学ぶ
2	注目を取り去る・ほめるの組み合わせ	不適切な行動は注目せず，適切な行動に変わったらほめる
3	ポイント表の作り方・効果的な指示の出し方	ポイント表，効果的な指示の出し方などを学ぶ
4	警告と罰の与え方	対処し難い行動や，人を傷つける行動に対する警告と罰の与え方を学ぶ
5	まとめと振り返り	全体のまとめと振り返り

3. ペアレントトレーニング講義資料

第1回　行動を3つに分ける・上手なほめ方

◆目標
- ・行動を3つに分けられる
- ・上手にほめることで適切な行動を増やす

◆子どもの行動が改善されるための3つのポイント
1. 子どもの行動をよく観察し，特性をよく理解する
2. 今できることから，一段一段ステップを踏んでいく
3. すぐに，具体的に，わかりやすく。「できた！」という自信を持たせる

◆「注目」に注目しましょう
1. 注目には2種類あります。
   ＝肯定的な注目（ほめる）と否定的な注目（怒る）
2. 子どもは注目を欲しがっています。
   いい行動をして肯定的な注目が得られなかったらトラブルになる行動をして否定的な注目を得ようとします。
3. いつも，どのような行動に注目していますか？
   それは肯定的な注目ですか？　否定的な注目ですか？

◆行動は3つに分けられます
1. あなたが増やして欲しいと思う好ましい行動
2. あなたが減らして欲しいと思う好ましくない行動
3. なくしたい，許し難い行動

☆行動とは，目に見えるもの，聞こえるもの，数えられるもののことを言います。
☆それぞれの行動のタイプに応じて，それぞれ異なる対処法を学んでいきます。

行動の分類	行動に応じた対処法
増やしたい行動 例：歯磨きする・着替えをする・ありがとうが言える等	**肯定的注目・行動をほめる** ・好ましい行動をしている時，始めようとした時すかさずほめる ・25％できたらほめる ・どの行動をほめているか子どもにはっきりわかるように伝える
減らしたい行動 例：わめく・騒ぐ・ぐずる・待てない・話に割り込む・指示にすぐに従わない・へりくつを言う等	**「無視→待つ→ほめる」の組み合わせ** ・減らしたい行動には注目をそらす＝行動を無視する→しばらく待つ→その行動を止めたら（適切な行動を始めたら）すかさずほめる ・無視しっぱなしをしない ・無視はほめるチャンスを待つための方法と心得る

許し難い行動	警告と罰
例：自分や他者への暴力・暴言を吐く・ものを壊す・危険な行動	・断固とした・真剣な態度で止めさせる ・行動の結果としての罰＝責任をとること ・親が実行可能な罰を与える（好きなテレビを10分減らす・その夜は本を読んであげないなど） ・計画している家族旅行を止めるといった大きな楽しみや先のことは取り上げない

◆増やしたい行動をもっと増やすために……ほめましょう！

課題が完全に終わった時だけほめるのではいけません。好ましい行動を始めた時, しようとしている時, している時, 指示に従った時, いつでもほめましょう。パーフェクトを待ってはいけません。期待されるレベルの 25％でほめましょう。

☆ほめることで　①その行動を増やすことが出来ます。
　　　　　　　　②子どもは認められていると感じます。
　　　　　　　　③子どもはほかのことでも, 協力的になります。

◆効果的なほめ方

①ほめる：言葉や, 身振りや手ぶりを使って
　　例：「感心ね, ケン」
②何が良かったのか, わかりやすい表現で伝える。
　　例：「テレビを見る前に宿題を済ませたのね」
③良い結果を与える。
　　ほめるだけで十分なことも多いが, 場合によっては行動に見合ったごほうびを付け加えてもよい。
　　例：「今日は夜9時までテレビを見てもいいわよ」

◆ほめ方のコツ

①タイミング：できるだけ早く
②目：子どもと視線を合わせましょう
③体：子どもに近づいて。同じ目線になりましょう
④声：穏やかな明るい声で
⑤感情：感情をこめて。微笑んで, 肩に手をあてる, 軽く抱きしめる
⑥内容：簡潔に, しかしどの行動をほめているのかを明確に伝える

☆子どもをほめるのではありません。子どもの行動をほめるのです。「いい子ね」ではなく「宿題やってるね」と具体的な行動を言葉にしましょう。
☆ほめる時, あなたの子どもはどのようなやり方が一番好きでしょうか？

静かに，それともにぎやかに？　ほかの子の前で，それとも耳元でささやいて？
☆皮肉やイヤミは避けましょう。
「よくやれたね，でももっと早くやっていれば良かったのにね」
「やればできるじゃない・あしたもがんばろうね・すぐできるのにどうして
すぐやらないの」などと言わない！

◆子どものほめ方のロールプレイ
1. まずは体験してみましょう！
スタッフがやってみます。
宿題に取り組んでいる子どもに，親が「宿題やってるんだ。えらいね」
と声をかけます。
子どもの視点で，親から声をかけられてどんな感じがするか，を感じて
ください。

パターンＡ：目を合わさず，ほかに気をとられながら，体も向けず，口
　　　　　　先だけ小さい声で，ほめる。
パターンＢ：近過ぎる距離で，またおだててやらせようという魂胆が見
　　　　　　え見えで，子どもの表情におかまいなしの一方的に大きす
　　　　　　ぎる声で，ほめる。
パターンＣ：目を見て，ゆっくりはっきり落ち着いて，ほめる。

2. 「増やしたい行動」を１つ選び，セリフを決めましょう。
お子さんの日頃の様子を思い浮かべてください……
「増やしたい行動」は何ですか？
それをどんな言葉でほめたら，あなたのお子さんは喜びますか？
ポイント：具体的な行動を，具体的で短いセリフで

3.. 「ほめる」練習をしましょう！
２で決めた行動とセリフを使ってやってみます。
お母さんたちには，親役と子ども役の両方をやっていただきます。
親役の人は，上手なほめかた（パターンＣ）をやってください。
子ども役の人は，ほめられてどんな感じがするか，を感じてください。
一組ごとに感想を言いましょう（親役も子ども役も）。

親役　　　　子ども役
Ａさん　⇔　Ｂさん
Ｃさん　⇔　Ｄさん
Ｅさん　⇔　Ｆさん

よかったところを必ず伝えましょう。
こんなふうにしてみたらどうかな？
という提案も，あればお願いします。

付録 2 ペアレントトレーニング資料 **197**

◆**宿題**
　・お子さんの行動を観察し，３つに分けてみましょう。
　・増やしたい行動をできるだけ，ほめてみましょう。

第２回　注目を取り去る／ほめるの組み合わせ

◆**目標**
　注目を取り去ることで子どもの不適切な行動を減らす

◆**前回の復習**
　・行動を３つに分けるのは難しかったですか？
　・どのような行動を，どのようにほめてみましたか？

◆**好ましくない行動を減らすためには**
　好ましくない行動→注目を取り去る→待つ→好ましい行動→ほめる。
　好ましくない行動を減らすためには，注目を取り去って，好ましい行動が出
　てくるのを待ちましょう。
　好ましい行動が出てきたらすぐにほめましょう。
　子ども自身に注目しないのではなく，子どもの行動に注目しないのです。
　☆「注目を取り去る」は「ほめること」と組み合わせることで効果的になり
　　ます。

◆**注目を取り去ると……**
　子どもは注目されないと，確かめる反応が生じるので，一時的にその行動が
　強まります。徹底しないと，かえってその行動を増やしてしまいます。

◆**注目を取り去るコツ**
　①目：子どもと視線を合わせない
　②体：子どもの方向を向かない。体の向きを変えましょう
　③顔：普通で無関心な顔
　④メッセージ：全くなし。何も言わず，そぶりも見せない。ため息をついた
　　りしない！
　⑤感情：表面上は全くなし。ほかのことをして感情をコントロールしましょう
　　例：スマホを見る，時計の秒針を見る……など
　⑥タイミング：好ましくない行動が始まったらすぐに！

　どの行動を注目しないか，目標行動を決めましょう。代わりにどんな行動を
　して欲しいのか考えておきましょう。

◆注目を取り去ることとほめることの組み合わせ
1. して欲しくないこと，減らしたい行動を挙げましょう
2. して欲しくない行動の隣に，代わりにとって欲しい行動を書いてみましょう
3. 減らしたい行動を1つ選び，その行動が起こったときは注目を取り去りましょう
4. （リストの行動ではなくても）代わりにとってほしい行動が現れたら，すぐにほめましょう

してほしくない行動	代わりにとってほしい行動
ぐずる	普通の声で話す
お母さんを叩く	「頭にきた！」と怒りを言葉で表現する
車の中で不平を言う	静かにしている
かんしゃくをおこす	親が「だめ」と言うのを受け入れる
ふてくされる	どうしたいのかを親に言う

☆注目を取り去った後には必ず肯定的な注目を与えることが大事です。でも，それはなかなか難しいことです。だから注目を取り去った後にほめることを予測しておきましょう。

☆代わりにしてほしい行動を冷静に考えることで，注目していない間に自分が何を待っているのかがはっきりするでしょう。

◆注目を取り去ることが難しく思えるときには……
～あまりにもイライラしたり，腹が立っていて注目を取り去ることが出来ないと感じる
～ある特定の行動においては注目を取り去ることを忘れてしまう
～注目しないようにしても，結局，怒鳴ったり，注意したり，くじけてしまう
こういう時には実行するための計画が必要です。

1. ターゲット行動（して欲しくない，減らしたい行動）はなんだろう？
　　・それはいつ，どこで起こりやすいことだろう？
2. 代わりにしてほしい行動はなんだろう？

ターゲット行動が起きる

3. その行動が起きた時,私はどうしたらいいだろう？（目，体，感情は？）何に集中したらいいだろう？
4. くじけないために自分自身に言い聞かせる言葉はなにがあるだろう？

ターゲット行動が減る

5. して欲しくない行動をやめて，いい行動が始まった時，私は何を
したらいいだろう？
・どうやって，どんな行動をほめる？
6. もし，子どもがその行動をやめなければ，私は何をすべきだろう？

☆このような計画を立てることで，心の準備ができます。

◆注目を取り去るロールプレイ
1. 「注目を取り去る」間，どうするか考えておきましょう。

2. 「注目を取り去る」練習をしましょう！
親役と子役，両方を体験していただきます。

```
   親役       子ども役
  Ａさん  ⇔  Ｂさん
  Ｃさん  ⇔  Ｄさん
  Ｅさん  ⇔  Ｆさん
```

場面設定：子どもが要求を通そうと暴言を使っています。暴言はお母さんに
とって好ましくない行動で，やめてほしいと思っています。

子：ねぇねぇお母さん，新しいゲームが欲しいんだけど
母：ゲームはお誕生日とクリスマスに買う約束だよ。今は買わないよ
子：でも，みんな持ってるんだよ
母：ゲームは今は買いません
子：なんでだよ，ケチ！　クソババア！
母：ケチとクソババアはよくない言葉です。それを言うのをやめるまで，
あなたの話は聞きません
子：なんだよクソババア！　ケチ！　無視すんなよな！（わめき続ける。
1分間）
母：（1で決めた方法で無視し続ける）
子：（一瞬黙る）
母：暴言をやめてくれてありがとう。話をしよう

☆親役の方は，子どもの暴言攻撃に，どんな感じがしましたか？
注目しない間，どんな感じがしましたか？
子どもが暴言をやめた時，どんな感じがしましたか？

☆子役の方は，注目されなくて，どんな感じがしましたか？
　　　　　　暴言を使い続けて，どんな感じがしましたか？
　　　　　　最後の母の一言に，どんな感じがしましたか？

◆宿題
　子どもの困った行動を注目しない／ほめるの組み合わせで対処してみましょう

第3回　ガンバリ表と効果的な指示の出し方

◆目標
　子どもに自分自身をコントロールする方法を教える

◆前回の復習
　注目を取り去る／ほめるの組み合わせは難しかったですか？

◆「ガンバリ表」を作る
　ガンバリ表は，朝の時間や寝るまでの時間といった毎日の特別な時間帯で，特定の行動を増やす，あるいは減らすのに役立てるものです。この表を作ることで，小言を言うことが減り，その時間帯がよりスムーズに進められるようになるでしょう！

◆よいガンバリ表の作り方
1. 1日の中で，問題の多い，特に混乱しやすい時間帯を取り上げます。
　　例えば，朝起きてから学校に行くまで，学校から帰ってきてから宿題を終えるまで，夜寝るまで（ふとんに入るまで），などがよく挙げられます。
2. その時間帯に子どもがしなければいけない行動のうち，
　　・子どもが進んでする行動（週のうち4〜5回できる行動）を3つ
　　・ときどきする行動（週のうち2〜3回できる行動）を2つ
　　・まれにしかしない行動（週のうち1回程度の行動）を1つ選びます。
3. 選んだ行動を時間の流れにそって並べ替えます。
4. 3日間くらい子どもを観察して，試験的なガンバリ表をつけてみます。
　　子どもがやっている行動と回数を調べ，正式な表を作ります。
5. 実際に表を作ります。
　　表に行動を書き入れ，色をつけたり，イラストを入れたりしましょう。

　[10歳の子どもの例]
　　ベッドから起きる　　　　　　6:50までに……進んでする

朝食の前に着替える	7:05 までに………	ときどきする
ペットにエサと水をやる	7:35 までに………	進んでする
ランドセルの用意をする	7:45 までに………	進んでする
歯を磨く	8:00 までに………	たまにする
家を出る	8:05 までに………	ときどきする

☆特に子どもができないことは小さなステップに分け，スケジュール作りをしていきましょう。

☆あなたが手助けする部分，時間の制限や何回まで注意するか（3 回までで十分）を明確にしましょう。

例：「着替えをベッドの上に置いておくから 7 時 15 分までに着替えなさい」
　　「7 時半までにランドセルを用意しなさい。3 回までしか言いませんよ」

◆表の使い方

1. 家族で話し合いの時間を持ち，表を子どもに見せて，これからやることを説明します。表は子どもが望むところに貼ります。
2. ごほうびや特典を決めます。（高価でないもの。子どもと遊ぶなどの行動がいい）
3. 子どもがその行動をしたときは，すぐに○やシール，星印などをつけて，ほめます。
4. 1 日の終わりには，子どもと一緒に表を見て子どもがその日にやれたことをほめましょう。週末にはごほうびや特典を与えましょう。
5. うまくいかなかったことは重視せず，子どもがやれた行動にだけ注目します。

［注意］

・子どもがうまくやれなくても×はつけません。○（やれたこと）に焦点を当てます。

・子どもの協力が得られやすいように工夫しましょう。例えば「進んでする行動」の後に「ときどきする行動」を入れると，できた行動の後にほめられるので，次の行動がやりやすくなるでしょう。

◆効果的な指示の出し方

1. 効果的な指示の出し方
   (1) 子どもの注意を引きましょう。
   　　あなたが子どものそばに行くか，子どもをそばに呼びましょう。
   (2) 視線を合わせましょう。
   　　子どもの名前を呼んで，ちょっと間をおいて，それから子どもがこちらを見るまで待ちましょう。繰り返し名前を呼んでもいいかもしれません。
   (3) 指示は，短く，具体的に，わかりやすく！

[注意]

・子どもに「〜してくれる？」という質問形で聞くのはやめましょう。

・「やることあるでしょ？」「何する時間だった？」という曖昧な言い方もNG。

・お説教やくどくど小言を言うのもやめましょう。

(4) 口調は，CCQ

あなたが指示を繰り返さなければならないときは，常にCCQを心がけましょう。

C：Calm　　あなた自身が穏やかに
C：Close　　子どもにもう少し近づいて
Q：Quiet　　声のトーンをおさえて静かに

---

①子どもが指示に従うまで，少し時間を与えましょう。（指示に従わないなら）視線をそらして，その場を立ち去りましょう。

②3回，指示を繰り返してみましょう。

③どんな小さなことでも子どもが従おうとしたらすぐにほめましょう！

☆指示を伝えるためには，あなたは真剣な声と態度でのぞみましょう。

☆現実的になりましょう！　一度の指示で言うことを聞く子どもは少数派です。

2. 予告する

・予告は，今していることをもうすぐやめて，ほかのことをしなければならないことを知らせるためのものです。

・「あと5分」「あと3回」と予告することで，子どもは行動を切り替える準備ができます。その方が指定の時間になったときに受け入れやすくなります。

　　例1　「ケン，あと10分で夕食よ。10分したらテレビを消しなさい」
　　　　　──10分後──
　　　　　「ケン，テレビを消しなさい」

　　例2　「太郎，あと3回すべったらお家に帰る時間だよ」
　　　　　──2回後──
　　　　　「太郎，あと残り1回だよ」
　　　　　──1回後──
　　　　　「さぁ，太郎，お家に帰る時間だよ」

3. 自分で選択させる

付録 2　ペアレントトレーニング資料　203

選択とは，2 つ以上の可能性のあるやり方を提案することです。
子ども自身が選ぶことができると，命令されるよりも気持ちよく指示に
従えます。

例　子どもが寝るためにパジャマに着替えて欲しい
　　「青のパジャマとしましまのパジャマ，どっちにする？」
　　……選べたら？
　　　　→ほめる
　　……どっちもいやだと言ったら？
　　　　→①再度，繰り返す
　　　　→②親が決めることを宣言する。「じゃあ，あなたのために私
　　　　　が選びます」

☆子どもがほかの提案をしてきて，それがあなたにとって受け入れられるも
　のであれば，それを選ばせるのも良いでしょう。

4.　" ～したら，～できる " という取り決め
　　行動，あるいは課題が終わったら特典を与えるというやり方です。
　　特典とは，特別な機会や品物で，子どもが好きで，しかも親も喜んで与え
　　られるものです。ただし，必ずしも " 特別 " でなくても，単に子ども
　　がこれからやりたいと思っている活動でも良いです。

　　例　「服を着替えたら，テレビを見てもいいわよ」
　　　　「普通の声で話すなら，聞くわよ」
　　　　「宿題が終わったら，遊びに行っていいわよ」

5.　ブロークンレコード（壊れたレコード）・テクニック
　　子どもが言うことを聞きたくないときに，「あと 1 分でやるから」など
　　と引き延ばし作戦に出ることがあります。また，言われていることから
　　あなたの気をそらすためにいろいろな試みをします。例えば次のように。

　　親：もう寝る時間よ，ケン
　　子：だってまだ 8 時半だよ
　　親：8 時半は十分遅い時間よ
　　子：8 時半に寝なくちゃいけない子なんて僕のクラスには 1 人もいない
　　　　よ！
　　親：たいていの子はそうしているはずよ
　　子：そんなことないよ。みんな 9 時半までテレビを見てるよ
　　親：そうかもしれないけど，あなたはみんなじゃないでしょ
　　子：そんなの不公平だよ
　　親：不公平かもしれないけど，お父さんとお母さんは 8 歳の子は 8 時

半に寝るのがいいと思っているのよ

子：もし，お父さんが９時半まで起きてていいって言ったら，いいの？

☆ブロークンレコード・テクニックは，子どもが屁理屈を言って応戦してきたときにシンプルにただ指示を繰り返す方法です。効果的にするためには，あなたは落ち着いた穏やかな声で，ただ指示を繰り返しましょう。（言い方を変えてはいけません）

親：もう寝る時間よ，ケン

子：だってまだ８時半だよ

親：寝る時間よ

子：８時半に寝なくちゃいけない子なんてクラスには１人もいないよ！

親：寝る時間よ

子：僕以外の子は９時半までテレビ見てるよ

親：寝る時間よ

子：何でそう言い続けるの？

親：寝る時間よ

子：わかったよ。バカみたいに「寝る時間よ」って言うのをやめてよ！

親：ありがとう，ケン。１分したらおやすみを言いに部屋に行くね

［注意］

もし子どもがブロークンレコード・テクニックを使ってきたら，罰を設けるようにしましょう。

◆効果的な指示の出し方のロールプレイ

・お母さんたちは，２つのグループに分かれます。
　　グループ１　スタッフ（A先生），お母さん（Cさん，Dさん）
　　グループ２　スタッフ（B先生），お母さん（Eさん，Fさん）

・場面設定：スタッフが子ども役，お母さんたちが親役です。
　　子どもが夜９時までゲームをしています。
　　お母さんは，寝るように指示を出します。
　　CCQを心がけてください。１人ずつ順番にやってみましょう。

※初めは緊張するかもしれませんが，おうちで使うイメージをつかむためにやってみましょう！

1.　"予告"の練習をしましょう！
　　母：○○君，あと10分で９時だよ。ゲームをやめます
　　子：あとちょっとだから！
　　母：○○君，あと５分で９時だよ。ゲームをやめます

子：うん……（生返事で続ける）

母：○○君，あと1分で9時だよ。ゲームをやめます

子：うるさいなぁ！

母：○○君，9時になったよ。ゲームをやめます

子：はぁー（ため息をついて嫌々やめる）

母：ゲームをやめられてえらいね

> 感想を話し合いましょう

2.「ブロークンレコード・テクニック」を練習しましょう！

母：○○君，9時になったよ。ゲームをやめます

子：あとちょっとだからやらせて！

母：ゲームをやめます

子：ここをクリアしたらセーブできるから！

母：ゲームをやめます

子：だから今は無理なんだって！

母：ゲームをやめます

子：しつこいなぁ！　何回も言われるとイライラする！

母：ゲームをやめます。

子：あー，もー，わかったよ！（ゲームをやめる）

母：言うことを聞いてくれてありがとう

> 感想を話し合いましょう

◆宿題

・ポイント表を使ってみましょう

・効果的な指示を出してみましょう

第4回　警告と罰の与え方

◆目標

対処し難い行動や他人を傷つける行動を減らす

◆前回の復習

・ポイント表はつけてみていかがでしたか？

・どのような指示がお子さんに効果的でしたか？

◆罰を与える

1.　どの行動に対して罰を与えるのか？

指示の出し方で工夫できること，注目を取り去る／ほめるの組み合わせで対応できる行動には，それで対処しましょう。それ以外で，どうしても対処できない場合や，他人を傷つける行動には罰を与えます。

2. 警告（イエローカード）
   ①「効果的な指示の出し方」を使って指示を出しましょう。
   　予告する→ CCQ で指示を出す→ CCQ で指示を繰り返す→それでも従わない時に「警告」を出します。
   ②「警告」
   　警告とは，もし子どもが自分や人を傷つけ，不適切な行動をやめたりしない時に，当然与えられる結果（罰）を宣言することです。

☆「警告」は子どもが指示に従える最後のチャンスです。従ったらほめましょう！
☆効果的な「警告」にするためには以下の点に注意しましょう。
　・1 回だけ
　・従わなかった時の罰を明確に伝える

　例 1　子どもが積み木を投げた。
　　　　（誤）「それをやめないと何が起こるか，わかってるわね」
　　　　（正）「もし積み木を投げ続けたら，20 分間それを片付けてしまうよ」

　例 2　CCQ で指示を出しても宿題をしようとしない。
　　　　（誤）「宿題をしなさい。さもないと，今週はテレビゲームなしよ」
　　　　（正）「今すぐ宿題を始めないと，テレビゲームの時間を 15 分減らすわよ」

3. 罰を与える
   罰とは，自分自身がしたことへの当然の結果です。これには 3 つのパターンがあります。
   ①特権を取り去る方法
   これは子どもが楽しみにしていることに制限を加える方法です。
   例：チャンネル争いをする子どもにはテレビを見る時間を減らす
   　　友だちの家に遊びに行くことを制限する
   　　タイムアウトをとるなど
   ②もう一度させる方法
   これは，望ましくない行動をその場で正す方法です。
   例：子どもが友達を「あのバカ」と呼んだ場合，
   　　母：「本当はなんていうの？」
   　　子：「太郎くん」

母：「そうだね」
③作業をさせる方法
　これは，作業をさせることで責任をとる方法です。
　例：子どもが借りたおもちゃを壊したので，庭の草取りをさせる。

◆罰のコツ

・即座にすること…警告の後，従わなかったら，10秒以内に与えましょう
・短い時間…………例えばテレビゲーム15分禁止など
・やり通すことが大切です
・罰は，子どもにとってインパクトがあるもの，親がコントロールできるもの，親が心おきなく取り去ることができるものにしましょう。
・問題行動とその罰が結びついている方が望ましいでしょう。
・体罰は避けましょう。
・罰が終わったら水に流しましょう。お説教や説明をしたり，慰めたりしません。

◆タイムアウト＝楽しいことや一切の刺激を取り去る

　これは，簡単で，公の場でも使え，特別な準備のいらない罰です。
　①タイムアウトの場所を選びます。
　　目の届くところで，暗くなく，閉じ込めず，危険なものや楽しいものがないところ
　　例：壁際に椅子を置く
　②タイムアウトの時間を決めます。
　　子どもの年齢1歳につき1分が目安。タイマーを使います。
　③タイムアウトを出す前に警告しましょう。
　④タイムアウトに入る時には，何が問題だったのか，どのくらい続くのか説明します。
　⑤タイムアウトを拒否する時は，ブロークンレコード・テクニックを使います。それでも拒否する時は，より重い罰を伝えて選択させましょう。
　　例：今すぐ10分のタイムアウトか，パパが帰ってきてから30分のタイムアウトか。
　⑥タイムアウトが終わったら，ただ「タイムアウトは終わり」と言います。お説教はしません。

◆警告と罰のロールプレイ

1. 警告の対象とする行動と「罰」の内容を決めましょう。

警告を与える行動	罰
「新しいゲーム買って」と何回も言い，無視するとさらにわめく	大好きなおやつが1つ減る
	タイムアウト

2. 警告と罰の練習をしましょう！
親役と子役，両方を体験していただきます。

親役　　　子ども役
Ａさん　⇔　Ｂさん
Ｃさん　⇔　Ｄさん
Ｅさん　⇔　Ｆさん

場面設定：親役の人が１で決めた設定をそれぞれ使用します。

母：(CCQ で「効果的な指示」を出す)「ゲーム買って」と言うのをやめます
子：(指示に従わない)
母：(警告) 今日もう１回「ゲーム買って」と言ったらタイムアウトです。
子：ゲーム買って，ゲーム買って，ゲーム買って！
母：３回言ったのでタイムアウトです。(タイムアウトの場所へ連れて行く)
子：(騒ぐ)
母：タイムアウトは 10 分間です。
母：(10 分後) タイムアウト終了です。出てきていいですよ。

◆宿題
どうしても子どもが言うことを聞かなかったら，警告と罰で対応してみましょう。

あとがき

　私が子どものこころを診る医者になることを志したのは，大学を卒業した30年以上前のことです。小児科の医局に入局した私でしたが，どうしても児童精神医学を学びたくて，いくつもの大学や病院を見学しました。しかし，部外者の研修を受け入れるところはなかなか見つからず，「無給でもいいなら」と受け入れてくれた神奈川県立こども医療センターで児童精神医学を学びました。

　同科を主宰していたのは平田一成先生です。先生は，自分の1人目の恩師です。小児科医として研修に行った自分は，小児科と精神科の時間の流れや考え方の違いに大きな衝撃を受けました。小児科では感染症に代表される直線的な病態の理解や，医師が司令を発して治療が行われるシステムが当然でしたが，誰も悪者はいないという円環的な病態の理解や，コメディカルスタッフと協働して治療を勧めていく精神科の治療スタイルは，まさにカルチャーショックでした。

　信州大学に戻り，小児科の教授を1年がかりで説得し，精神科に転科しました。そして，学会で出会った齊藤万比古先生に誘われて，国立精神神経センター（現在は国際医療センター）国府台病院で児童精神医学を本格的に研修しました。齊藤先生は自分の2人目の恩師で，精神分析的な児童精神医学の知識を教わりました。2年半の研修を終えて信州大学に戻った私は，当時，齊藤先生や，現在，静岡県立こども病院こころの診療センターを主宰されている山崎透先生が取り組んでおられた，ADHDの二次障害という研究テーマを引き継ぎ，反抗挑発症や素行症を研究し続けたのです。

　この本は，私の20年間の研究と児童精神科医としての診療経験から得られた心構えとノウハウを公開したものです。この本が，反抗的な子どもとその親御さんに日々向き合っている支援者の皆さんの役に立てば，これ以上の喜びはありません。

もしかすると，この本を読んで，自分が関わる子どもをこころの医療セ
ンター駒ヶ根に受診／入院させたいと思われる支援者の方がいらっしゃる
かもしれません。そう思っていただけるとしたら大変光栄です。しかし，
本書を読んでいただければわかるように，こうした子どもを支えるために
は，地域の多くの大人たちの協力が必要です。決して，子どもや親だけが
受診／入院すれば済むという問題ではないのです。だから私はこの本を書
こうと思い立ったのです。皆さんのそれぞれのフィールドで，この本を役
立てていただければ幸いです。

その代わりと言ってはなんですが，みなさんが実践して役に立つ心構え
やノウハウがあれば，私宛に送ってください。皆さんの実践が，たくさん
集まったら，何らかの形でそれらを紹介したいと考えています。送り先：
kirerukodomo@gmail.com

思い返せば，本書の出版に至るまで，多くの人に支えられてきました。

自分を導いてくださった，平田先生，齊藤先生，子どものこころ診療部
の開設を力強く後押ししてくださった当時の精神医学教室の天野直二教
授，自分の植えた苗木に大輪の花を咲かせてくださった信州大学医学部子
どものこころの発達医学教室の本田秀夫教授。拙い自分を支えてくれた精
神医学教室と子どものこころ診療部の皆さん，現在も支えてくれているこ
ころの医療センター駒ヶ根のみんな。本書の内容にアドバイスしてくだ
さった松本あさひ学園の丸山直子先生，心理士の板橋真理子さん。私の遅
筆に1年以上付き合ってくださった星和書店の近藤さん，編集者の林さん。
そして，自分にさまざまなことを教えてくれた，これまで出会った子ども
たちと親御さんにお礼を言いたいと思います。

ありがとうございました。

児童精神科医になるという，自分の歩んできた道は道なき道でした。だ
から，家族には経済的，精神的に大きな負担を強いました。カミさんは，「こ

んな不安定な生活がいつまで続くの？」と何度も不安を口にしました。それでも辛い時，苦しい時に彼女が慰め，支えてくれたから，そして，娘たちの明るい笑い声に励まされて，私はいつも『明日も頑張ろう』と思えたのです。そんなカミさんと娘たちにもひと言。

30年間，ありがとう。

2019年5月

原田 謙

著者

原田 謙 （はらだ ゆずる）

長野県立こころの医療センター駒ヶ根 精神科研修研究センター長，信州大学 医学部 臨床教授

1962 年東京都生まれ。1987 年信州大学医学部卒。小児科医を経て，1993 年より精神科医となる。神奈川県立子ども医療センター，国立精神神経センター国府台病院で児童思春期精神医学を研修し，2002 年信州大学医学部附属病院に子どものこころ診療部を立ち上げた。12 年間，准教授として同部を牽引し 2014 年から現職。

専門は，児童精神医学。研究テーマは，発達障害の二次障害（特に反抗挑発症，素行症）。主な著書に，『子どもの心の診療シリーズ　子どもの攻撃性と破壊的行動障害』（共著，中山書店，2009 年），『素行障害』（共著，金剛出版，2013 年），『注意欠如多動症の診断・治療ガイドライン』（共著，じほう社，2016 年）などがある。

いまや成人した 2 女の父。孫 2 人。

趣味はサッカー日本代表の応援とテニス。カラオケは玄人はだし。

イラスト

Namna

1990 年，長野県松本市生まれ。岡山県在住。OL をしていたが，イラストを描く夢が諦められず，イラストレーターに転身。クライアントの気持ちに寄り添い，＋ a の喜びを感じていただけるイラストを描くことをポリシーとしている。現在，わんぱくな 1 歳児を相手に子育て奮闘中。

LINE : @vud34571
Email : namna0817@gmail.com
Instagram : mochikichi_19900130

「キレる」はこころの SOS

発達障害の二次障害の理解から

2019 年 5 月 1 日　初版第 1 刷発行
2023 年 9 月 7 日　初版第 3 刷発行

著　　者　原田　謙
発行者　石澤　雄司
発行所　株式会社　星 和 書 店
　　　　〒 168-0074　東京都杉並区上高井戸 1-2-5
　　　　電話　03（3329）0031（営業部）／ 03（3329）0033（編集部）
　　　　FAX　03（5374）7186（営業部）／ 03（5374）7185（編集部）
　　　　http://www.seiwa-pb.co.jp

印刷・製本　株式会社　光邦

ⓒ 2019 原田謙／星和書店　　Printed in Japan　　ISBN978-4-7911-1011-7

・本書に掲載する著作物の複製権・翻訳権・上映権・譲渡権・公衆送信権（送信可能
　化権を含む）は㈱星和書店が保有します。
・ JCOPY 〈（社）出版者著作権管理機構 委託出版物〉
　本書の無断複製は著作権法上での例外を除き禁じられています。複製される場合は
　そのつど事前に（社）出版者著作権管理機構（電話 03-5244-5088，
　FAX 03-5244-5089，e-mail：info@jcopy.or.jp）の許諾を得てください。

子どもの精神科臨床

齊藤万比古 著
A5判　400p　定価：本体 4,500円＋税

児童思春期精神医学の第一人者が、初めて子どもの精神科臨床について総括的に論じた渾身の一冊。子どもの育ちについての理解と、それらの臨床への応用の成果がまとめられた臨床家待望の書。

少年非行
青少年の問題行動を考える

藤岡淳子 他著
四六判　240p　定価：本体 1,700円＋税

青少年の問題行動をめぐり、摂食障害、暴力、薬物非行、ひきこもり、ドメスティック・バイオレンス、地域環境と犯罪など、いま最も関心の高い問題を取り上げる。

《電子書籍》
子ども虐待としてのＤＶ
母親と子どもへの心理臨床的援助のために

春原由紀 編著
武蔵野大学心理臨床センター子ども相談部門 著
A5判　236p　定価：本体 2,600円＋税

DV のある家庭で起きている暴力と支配の関係性をとらえ、DV に曝される子どもたちが被るさまざまな影響を理解した上で、母子の包括的な援助をめざす、画期的な心理臨床アプローチを提示。

発行：星和書店　http://www.seiwa-pb.co.jp

自閉スペクトラム症の
理解と支援

子どもから大人までの発達障害の臨床経験から

本田秀夫 著
四六判　248p（DVD付き）　定価：本体 1,800 円＋税

発達障害を持つ人との二十余年にわたる臨床経験に基づき、すべてのライ
フステージをまたいだ自閉スペクトラム症の概観を、豊富な事例を盛り込
み解説。支援のヒントが満載。本講義を収録した DVD 付き。

自閉症の心と脳を探る

心の理論と相互主観性の発達

山本晃 編著
A5判　332p　定価：本体 3,300 円＋税

自閉症では、心の理論や相互（間）主観性が発達するのかどうか、心理学、
脳科学、現象学などの知見や理論に基づき、きめ細かく且つ大胆に探究した書。
自閉症の心の謎に迫る！

子どものこころの診療
ハンドブック

日本総合病院精神医学会治療指針 7

日本総合病院精神医学会　児童・青年期委員会 企画・編集
四六変型判　208p　定価：本体 2,600 円＋税

本書は児童精神科を専門としない医療関係者が、子どもを診療する必要に
迫られたときに役立つ手軽に使える診療マニュアルである。被災害児の心
のケアや被虐待事例の初期対応にも活用できる。

発行：星和書店　http://www.seiwa-pb.co.jp

〈特集〉青少年の問題行動を考える
―巣立ちのための苦闘として―

季刊 こころのりんしょう à·la·carte　21巻1号

B5判　定価：本体 2,000円＋税

対人関係における被害体験と加害行動―自他の Boundary を確認するために―／〈座談会〉青少年の被害体験と加害行動をめぐって／乳幼児期の母子コミュニケーションからみた両義性と両価性／軽度発達障害のある子どもたちにおける被害体験と加害行為―共生するために尊重されるべき異文化―／青少年の手首自傷（リストカット）の意味するもの／摂食障害における「満たされなさ」―星の王子さまとキツネにならって―／衝動統制障害としての薬物非行と性非行～愛着と対象関係のつまずきから／女子少年院在院者の性被害経験／ひきこもり青年にみられる暴力と「境界」の問題について／激しい暴力を暴発させた少年の心の限りと広がり／殴る男，殴られる女，そして子どもたち／ホームレス――その被害体験と加害行動／地域で犯罪から子ども達を守るために

〈特集〉行為障害

季刊 こころのりんしょう à·la·carte　23巻4号

B5判　定価：本体 2,300円＋税

座談会：医療・保健・福祉の対象としての行為障害とは何か？／行為障害の定義と分類，特に少年非行との関連について／児童福祉における行為障害／行為障害と発達障害―生活を支える視点―／矯正・保護機関における行為障害への対応と支援／女子の行為障害の特性をめぐって／ひきこもりと暴力が併存する思春期・青年期ケースへの支援・介入について／行為障害と医療／児童・思春期における行為障害等の問題行動に対する地域の対応・連携システムについて

発行：星和書店　http://www.seiwa-pb.co.jp